心存善念，福氣綿延

奉獻

The Key to Access Fifth Dimensional Consciou

作者—章成、M．FAN先生

目錄

自序

這本書的內容，來自一個偉大的傳承，
這個傳承曾經透過無數存在，在宇宙中串連著。
莫問這傳承的名字，因為它曾有過太多太多名字，
佛陀、耶穌、先聖、先賢……
而所有在傳承中的人們，都會告訴你同樣的話——
這領悟不是來自於我，而是來自於一個偉大的傳承：
是**愛**。
超乎尋常的、完全無私的愛。
或許你常對著星空，祈求宇宙間慈悲力量的帶領和垂憐。
但我想告訴你的事，你可能不會相信，

如果你以為祂們正散發著無盡的光明、有美麗的翅膀、帶著冠冕站在雲端俯視……

你會找不到祂們。

祂們早已折斷羽翼、拋下衣袍、遺忘榮耀……

只是專注地在為你人生路上最小的一個轉折：

奉獻。

祂們正在跪在泥濘中，托住你在其間的腳步。

因為你選擇在的地方，就是祂們所選擇的。

當你接觸到這個傳承，

你會首次知道，原來生命有另外一種真正的尊貴……

不會讓人羨慕、不會讓人嫉妒，只會讓人痛哭流涕的臣服。

那是最偉大的愛，

為了好好奉獻，

徹底遺忘了什麼叫偉大。

我今日何其有幸，能接觸到如此的傳承。

奉獻

但願我不再遺忘！

章成 於台中

ch 1

你為什麼會來地球？

01 楔子：早晨的感謝

今早，一如往常，我和M換上了運動褲，展開在植物園的晨間散步。清明時節，天氣陰涼舒爽，昨夜下過的雨，讓周遭一片濕潤。步行其中，土壤與樹葉散發出的氣味格外清新，讓人明明居住在台中都會區，卻彷彿漫步山中。

植物園雖然占地很小，卻也許因為這樣，被設計成眾多蜿蜒小徑與起伏的綠地如迷宮般交錯，再被密度甚高的各種植栽層層包覆著。步道設計自然，走在裡面，彷彿置身真實的山林。

我一邊看著蘭嶼竹芋葉上滿布的水滴，一邊心滿意足的深呼吸著雨後土壤的氣味，情不自禁感謝起眼前的這一片綠意，大自然真好！然而突然一個念頭進入了腦海：那麼，這片植物園是怎麼來的呢？我被這個念頭召喚著抬起頭來，環顧更遠的四周，想著：若是在一九九九年前，植物園還在建設的時候，這裡的樹木一定都還是稀落瘦小，需要被木樁固定住的狀態吧？那時一定還有許多怪手成天發出嘎嘎的聲響，也有許多穿著膠鞋的工人推著獨輪車進進出出；而在泥濘與塵土混雜的工地裡，一定有一位設計師，或是一個設計團隊，每天就頂著驕陽站在那裡監工吧？

他們在泥濘塵土中想要實現出來的畫面，已然是我當下的真實了呢！

環顧著幽深茂密的樹林，傾聽著寧靜的鳥鳴，享受著土壤與植物的芬芳，我悸動著：他們瞭解我的需要。

感謝再度從心裡油然而生：我確實是這樣被他們照顧了的，雖然他們可能永遠聽不到這一聲感謝。我的步履走出了小徑，來到了寬闊的植物園入口階梯旁，這時，耳朵傳來了陶笛簡單的旋律，雖然只是用單音吹奏的幾個小節，曲子的意境卻已經在我的內心整個擴展開來了，那是宮崎峻的動畫作品《魔女宅急便》的主題曲〈季節的流轉〉。一男一女把樂譜擱在譜架上，正不甚熟稔地練習著這首曲子，雖然是在練習狀態，但音符的本身仍然傳遞出原曲熠熠生輝的美好。我的心裡再度浮現出盈滿的感謝，感謝世界上有人能夠寫出這樣的旋律，使得即便是在生活的一個角落偶然聽到幾個小節，都能對我們的心傳遞來亮光。

其實，看到有人在植物園周邊練習陶笛已經不是第一次了，甚至住在附近的我，有時從書房裡也可以聽到陶笛的練習聲。以前常常會偷笑那個放砲或吹錯音的人，然而這一次，忽然有不同的念頭進入腦海：將來他們能夠在某個場所，把這首美麗的曲子完整地帶給聽眾，原來就是因為我眼前的這個現在呀！請繼續加油吧！忽然間，練習陶笛的那兩個人的身影，以及節拍不穩的聲音，都變成了未來美好的一個部分。

然而我也在想：他們一定是很喜歡這首曲子，先被這首曲子感動，所以才想要練習吹奏它的吧？那麼有一天，當他們已經全然熟練地站在某個舞台，得到了滿堂彩時，他們會認為這掌聲是給予自己的，還是給予音樂的呢？他們會不會漸漸忘記感謝這些音樂，而開始將榮耀歸於自己？現在他們正專心地在練習著曲子，這時候的他們是如此單純、專注著只是要將美好的旋律忠實的表現出來。然而，當他們放下樂譜思考著即將到來的陶笛比賽時，他們會想著自己想要奪得的比賽榮譽，還是會想著這音樂如此的美，懷著真希望它永遠被傳遞下去的心情吹奏呢？

到了我們的散步路線該轉彎的地方，一轉身，就突然聞到刺鼻的油漆味，怎麼回事？把我想要的清新空氣都奪走了。我環顧四周尋找氣味的來源，啊！原來有兩個工人正合力油漆著植物園大門口的一盞路燈柱。平常，找到了臭味來源，我只會趕緊避開，然而不知道為什麼，這次我的心念卻不一樣，它說：啊，原來植物園的路燈柱也是需要這樣被保護的啊！原來，也一直有人在照顧著它。再次的，一種感激之情又湧上我的胸口。

就這樣，我讓自己沉浸在感謝的感覺裡面，那是一種享受，會覺得心裡暖暖的、充滿著愛，有一點點眼淚、有一點點喜悅。然後我跟隨著M的腳步離開了植物園，穿越了科博館後門的樟樹花香，漫步到由花崗石鋪成的館前大道上。這條大道模擬了生命演化的時間線，以不同顏色的花崗石組成了從單細胞生物一直到兩棲類、哺乳類等等……各種時期的代表性物種，在大道上自近至遠的分布著。而大道旁則有一條淺淺的小水道平行地跟隨，象徵著水對於延續生命的重要。小水道裡也拼貼了各種水生物種的圖案。

今天是星期一休館日，水源關閉，水道呈現乾涸狀態。或許是因為剛過的週休二日多雨，參觀民眾帶來了不少鞋底泥濘，又經過小朋友在水道上踏水嬉戲之後，許多乾泥巴留在水道中，現在看起來骯髒不已，水生物種拼圖都像龍困淺灘般奄奄一息了。正在這麼想的時候，我們的腳步也逐漸走向了大道的盡頭，這時候我才看見兩位館方派遣的歐巴桑，一位在前拿著拖把弄濕水道，一位在後猛力刷洗水道，乾泥巴已經被重新刷開，啊！我心裡想：為了讓我能享受環境的美麗，有這麼多人在服務著，我真是富有啊。我知道，最後只要再用大水沖洗，水道就會清潔溜溜了。

然而，離開了科博館穿過中港路，踏上剛從綠園道轉型為「草悟道」的人造瀑布前時，我卻看到了一幅景象：三位年約六十多歲的銀髮婆婆，帶著兩個不滿五歲的孫子，在瀑布池邊聊天。三個大人就任由孩子開心地將鋪在地上的黑色卵石不斷的往淺池裡丟，由於孩子的力氣小，石頭不一定扔得準確，不時撞擊到以鋁合金鑄成的池緣，發出空咚空咚的聲響，才新鑄造的鋁合金池緣便出現了凹痕。

我無法知道一邊低頭看著孩子如此做、一邊聊天的三位阿嬤確實的想法，然而我想，如果她們能夠意識到，自己為什麼會想帶著孫子停留在這裡聊天？如果她們意識到帶給自己快樂的不只是孫子，還有當下這個環境時，她們會不會給孩子們多一些提醒呢？後來她們帶著孫子走了，淺池旁留下了孩子們玩過而尚未復原的亂石堆。

其實，昨天傍晚我也散步經過這裡，我看到步道旁有人偷摘了鴛尾花；還看到了在長條形的座椅區，已經有攤販假裝閒坐，卻在腳下兜售來路不明的香菸；還有為了設攤在人群最多的誠品書店區、因而距離太近的兩組街頭藝人，對軋著把音響開得特別大聲。

我不禁會想，當他們來使用這裡的那一剎那，如果多一點思考：是什麼讓大家想要聚集在這邊？這個美好的環境又是靠怎樣的人力、物力才能夠如當下所呈現？他們的心情會不會更多一份體貼呢？

前不久有一則新聞說，香港有許多孩子得了公主病、王子病，病兆很驚人，他們竟以為蘋果是白色的。解答之後令人哈哈大笑，原來從小到大孩子吃的都是媽媽或傭人削了皮的蘋果，就以為蘋果本來就理所當然是這樣。

「理所當然」——本來我以為這是被溺愛的孩子才會有的現象，沒想到公主病不分年齡，只是形式不同。不，應該是說，其實我們每一個人都有公主病，只是自己不知道而已。

最後我在草悟道朝向美術館的那一段路上，吸飽了豔紫荊的花香之後，準備折返回家，不知為什麼，上星期去看的一場演唱會的過程就從腦海中浮現了出來。

從進入小巨蛋，找到自己的座位開始，先看到每個人的座位上置放著一份報刊，打開來，除了一開始有一、兩篇有關歌手的文案之外，後面全是廠商廣告。當然，這時候在主舞台左右大銀幕上播放的也是各家商品廣告。接著愈接近開演時間，就發覺螢幕上的廣告變得更多了，顯然，愈靠近開演時分，由於觀眾進場愈多，也變成廣告播放的黃金時段。演唱會開始之後，為了連唱八場，歌手很明顯地保留體力，開場熱度不若以往，演唱會中段部分也停頓較多，對於一直是忠實歌迷的我而言，感覺銜接度、流暢度和精采度都明顯比以往降低了。然而最令我詫異的是，中場邀請嘉賓歌手上台，竟直接將最近代言的零嘴商品透過笑點包裝進入談話內容，商品就被歌手拿在臉旁徘徊不已。最後到了壓軸舞曲，歌手換衣亮相，服裝又直接繡著代言可樂的英文名稱，大字如斗，然後唱著代言主題歌，現場灑下象徵氣泡的彩色大球。

我不能斷言歌手以及舉辦演唱會的公司是怎麼想的，但我不禁會這樣尋思：如果已經功成名就的他們，能夠由衷地感謝這些美好的音樂，也由衷地感謝這些因為被好音樂感動而來的人們，或許他們就不會為了多辦幾場而稀釋演唱會的精采度，而願意讓他們的歌迷能感受到最好的節目了吧？或許他們也會覺得，讓粉絲們在付了該付的錢之後，還要在節目進行中置入廣告，是不好意思的吧？

那些歌詞、那些旋律、那些編曲曾是如此觸動人心，讓我想起自己人生不同階段的一些畫面、一些故事、一些心境，而歌手天賜的好歌喉，更是讓我深深著迷。現在，好歌依然、好嗓音依舊，然而好嗓音和這些歌，並沒有在這場演唱會上被專注地重現出來，令人有點傷感地覺得：它們沒有被好好珍惜。

如同有線電視的做法：你已經付費收看了，可是節目外的廣告在賣東西，節目本身還是在賣東西……而這方式也就這麼進入了我最喜愛的歌手的演唱會。然後，似乎……大家也無所謂。

我想起那兩位還在植物園吹陶笛的練習者，他們的未來會走向何方？是因為被音樂感動而想要去分享，還是為了榮耀自己而吹奏？甚或是只為了賺錢？也許都有吧。但，哪一方將會獲勝呢？有一天，當他們站在舞台上演出的時候，當他們獲得掌聲的時候，是否會感謝宮崎峻、感謝久石讓，感謝那不可思議的天賜靈感，更感謝上天給他們能吹奏的健全雙手？他們是否會記得感謝貢獻給他們這個當下的一切人事物，以及過去傳承這麼美好事物的所有因緣？

如果有感謝，心中沒有愛是不可能的吧！心中沒有謙卑是不可能的吧，只想榮耀自己，不去守護自己正被給予、曾被給予過的一切美好——是不可能的吧？

我這麼想著。

只是一個早晨的散步，讓我看到和思考到的，就像是整個人間的縮影。

雖然我們的社會承認感謝是一種必須的精神品質，但是在潛意識裡，「感謝」之所以被強調，其實仍奠基於「互利」的考量，然而這並非真正的感謝。**真正的感謝是來自於內在的感動與盈滿，並且必然導致謙遜與奉獻**。然而這個世界實際的狀況是：我們將創造的動力交給利潤，而非交給感謝。於是，我們正協力創造一個讓人心失衡的物質監獄。

如果人類真的是善於感謝的動物，我不禁猜想：那麼今日的世界將會完全改觀吧?!

02 人類，不想感謝的「意識之界」

如果宇宙就像《星艦迷航記》裡面描述的那樣，有無數外星文明的存在，那麼流傳在宇宙間的人類的名聲，打聽起來會是怎樣的呢？

會不會有個來自美麗和諧外星文明的存有會這麼說：

「啊！地球人，他們雖然有千百個種族與生活方式，但有一個特色是一致的喔！他們一旦擁有的東西，漸漸就會視而不見，然後永遠會渴望更多更多……」

這不是理所當然的嗎？難道說這不是放諸「宇宙」皆準的「人性」？

「啊！地球人，他們的特色就是：很擔心如果真的對現況充滿感謝了，就會不求進步了，就會被競爭激烈的社會淘汰了。」

什麼？難道不是這樣嗎？知足雖然好，難道不會被無情的競爭環境封殺出局嗎？

不論我們是否還能有其他的選項，看到這些對人類共同狀態的形容，至少讓我們瞭解到：難怪「感謝」只能是我們在得到幫助暫且過關時用來串串場的「配角」心情而已了。

在潛意識裡，我們認為真正能維持幸福人生的關鍵，還是「保持著危機意識」！

於是我們大家便帶著如此的想法，一次又一次重複地聚集在地球上，透過各種知識與技術的改良來拼命努力、提升競爭力，看看幸福會不會到來。然而到目前為止，從有文字歷史的記載來看，無論如何改朝換代，人們內心的渴望、焦慮不僅沒有減少，甚至更加積重難返。

你可知道嗎？**所謂「輪迴」其實就是一個聚集了所有不能感謝、不想感謝、不知為何要感謝的理由與怨念，所構成的生命教室**。只要我們學不會感謝，我們就會一而再、再而三地，重複我們的匱乏、嫉妒、懷疑、自保、憤怒、爭奪、貪著……並且如此對待彼此。最後人生到達終點時，仍然是心願未滿，心有未甘，就想要再來一次。

過去，「感謝」一直被視為只是一種受到幫助時應有的禮貌反應，或是能夠促進人際和諧而值得被鼓勵的文明行為，然而這其實小看了「感謝」的力量呢。有一個偉大的傳承想帶來的信息是：如果在業力糾結的人間苦海中，有一條能夠衝出輪迴、開創嶄新文明的道路，那麼「感謝」將是這條道路的入口！從感謝之情所進入的這條道路，將自動開啟一連串真真實實的靈性覺醒，包括了：

- **人類的內在療癒將自動發生。**
- **自我將自然消融。**

●意識將憶起一體神性，回到合一。

●個人將完成地球功課，結束輪迴。

（這四方面的靈性覺醒，也就是一般說的「療癒」、「放下」、「合一」與「回家」。）

「感謝」的重要性遠遠超乎我們所想像！而詳加闡釋這個重要的訊息，就是本書的使命。而這訊息更進一步要傳達的還有：無論使用任何法門，信靠任何宗教、大師，自我都無法透過自我拯救的意圖離開輪迴，唯一的救贖之道只有放下自我，去發現就在當下的愛，去承認就在當下的愛，並在當下就以愛行動！

而踏上這條道路的第一步，便是從感謝開始。

03 輪迴的根本：自我

「輪迴」指的是一種無止盡的重複，重複著外表看似不同、劇情卻大同小異的人生戲碼。那麼，為什麼「感謝」能夠開啟「結束輪迴」所需要的各種靈性覺醒呢？在回答這個問題之前，有另一個問題需要先來探討，這個問題是：是什麼讓我們待在輪迴之中？

首先，一個不斷重複的現象，一定是由一個不斷重複相同動作的東西所引起的。那麼請留意觀察，在我們的內在，有什麼東西是不斷在重複相同動作的呢？

「自我」一再重複著「自我否定」

三歲的善善上週才因為拿到新玩具而雀躍不已，但現在那個玩具已經流落到床底下去了，他在百貨公司看到另一個新玩具的時候，又回復到和之前同樣的渴求狀態。

二十五歲的振興一年前才換到這家公司，為了年收入增加到八十萬而開心，現在卻覺得不算什麼了，他渴望的標準已經提高到年薪百萬，又回復到和之前同樣不滿意目前工作的狀態。

七十六歲的寶玲兩年前才為了手術成功、重拾健康而感謝上天，現在卻不覺得那有什麼了，她又回復到之前每天抱怨生活的情緒裡。

人無論處於何種年紀，總是有著自己想望的目標，好像達到了目標，人生就有了意義。然而，卻有一個令人費解的基因不斷上演著相同的突變：達成目標以後的現狀，永遠會再變成是「不夠好」的。

這樣的「不夠好」，不就等於在說，有一天就算到了天堂，我還是會再「想上天堂」？難怪感謝只能擁有一個極短的生命期，因為「不夠」的感覺永遠會捲土重來。

可是，是誰一直在那裡反覆地「覺得不夠」呢？怎麼會反覆地否定自己已經來到的這個「當下」呢？

讓我們不斷否定當下的，是一個緊縮的意識狀態，被我們稱之為「自我」。

如果你曾經在靜心禪坐時，處在一個非常放鬆的無念狀態，不久以後，你試著開始動一個心念去想到「我」，你將會很明顯的觀察到，那是一個意識突然緊縮的體驗。突然有一種緊張感——或形容為收縮感——就在「我」這個念頭出現的時候發生！

當「自我」出現的時候，意識原先的放鬆感就立刻不見了！而這個緊縮感若以語言翻譯，便是在說：「我正在擔心……」也就是說，在根本還不知道要擔心什麼事情之前，「自我」一出現便已經先處於擔心的狀態了。

這是個非常重要的發現！如果你能夠很細緻地覺察到「我」這一念的發生，你再也不會相信，只要把什麼事情處理掉了，「我」就不會擔心了。因為你看到，自我的本質就是「擔心」。

而因為「擔心的情緒」已經先發生了，所以我們就自然會投射出讓我們擔心的理由，以及可以解除我們擔心的下一個標的物，於是我們就開始了下一回合的追尋。

這就是造成「自我一直重複的自我否定」的原理。在靈性學習的領域中，「投射出讓我們擔心的理由，以及可以解除我們擔心的下一個標的物」的這種現象，也被稱為「二元性的思考模式」。這意思是說，只要一個人處在「自我」的焦慮狀態，他的思考模式一定是二分法的。

是有利？是有害？

試想一個正在擔心的人，會急著做的第一件事是什麼呢？是否就是立刻想要分辨眼前的環境「是對我有利、還是對我有害」？所以「自我」會自動形成「二分法」的思考模式，它需要將一切事物區分為互相對立的好、壞、善、惡、優、劣、敵、友……兩邊，才覺得有能力為自己指引方向。所以「趨吉避凶」這四個字，幾乎可以概括所有自我活動的本質。

請簡單的觀察自己，當你只是單純使用你的感官去感覺萬事萬物，你的察覺——無論感官上或感受上——都是千變萬化而充滿豐富類別的。然而，試試看再用「頭腦」去**想**：「這個東西對**我**而言如何？」你會發現自己立刻進入二分性的評價系統：「好的」、「不好的」、「要的」、「不要的」、「正面的」、「負面的」、「成功的」、「失敗的」……

自我會努力的想獲致所有它認定為正面的事物，而極力避免它認定為負面的事物。既然「自我」一開始已經認定了宇宙中存在著對立面（二分法的思考模式），那結果必然是：它自認為成功的時候同時也產生不安全感，因為「壞事」永遠可能發生；自認為失敗的時候，同時也會不甘心，因為「好事」尚未到手。因此它沒有允許自己停下來感到足夠的理由。

所以，由於二分法的思考模式，人類令人驚奇的行為就這麼發生了：**無論獲得什麼成果，都會藉著再次的「自我否定」回到同樣的焦慮狀態，如此重複沒有終點。**

而這就是「輪迴」的起因。

「謝謝你，因為你，我的需要被滿足了。」一個人才剛剛有了這樣的感覺……

「不過，我不能太滿足於現在，對不起，我該走了。」自我一定會接在後面這樣說。

處於意識緊縮狀態的「自我」不消失，二分法的思考模式就不會改變，而否定當下的行動便不會停止，於是，輪迴也不會結束。

那麼，「感謝」為什麼具有打破輪迴的力量？因為感謝之情始於對當下的肯定，恰好能擴展原先緊縮的意識，而讓「對當下的否定感」消失。也就是由衷的感謝之情升起的同時，自我也立刻消失了，完全不費吹灰之力，就彷彿陽光與雪人之間的關係。所以「輪迴」的起因——自我，就被「感謝」消融了。

有人說：但是，我們能一直處於感謝狀態嗎？畢竟實際生活中，存在著許多競賽與比較，我們能夠不以危機意識來面對人生嗎？

是的，我們可以，而且這樣將會達到更好的個人結果以及社會結果。因為「感謝」不只是一種肯定當下的意識狀態，當它被加入另外兩種元素時，將會形成一個「開啟五次元意識的鑰匙」，能啟動人類意識中真正的明智與聰慧，發揮出「自我」所無法想像的神性創造力。

再次的，這是本書所要傳遞的關鍵訊息，這個訊息可以從根本上扭轉個人的生命，從而對我們人類這個時代的文明產生非常大的影響。換言之，這個訊息正是這個時期人類最需要的答案。

然而為了讓讀者對這個以「感謝」為始的「開啟五次元意識的鑰匙」有更深刻的瞭解，我們卻不能在現在就直接去傳遞它，而必須先討論目前地球上的各種靈修現象。

因為網路平台的興起，人類心靈探索的活動已經形成了前所未有的交流能量，促使地球上更多人的覺醒，這是很好的一件事；然而，卻也存在著相反方向的可能性——人們覺醒的嫩芽可能再度被「自我」收割。

現今世界有許多宗教與靈修法門，教義雖然說要幫助人類達成內在與外在的圓滿，甚至解脫輪迴與回歸神性，卻將「自我」餵養在其中，讓人們實際上愈跟隨、愈加深自我的執著而不自知。這種經過靈修包裝過的自我，比一個世俗的自我更加危險！因為它帶給我們暫時的良好感覺，讓人反而更加難以脫離輪迴。

因此接下來，我們將討論隱藏在靈修概念中的「自我」，讓我們更清楚「自我」在靈修中的變貌；同時經過這番討論，最後也有助於我們瞭解本書所將傳遞的「完成地球功課的正確道路」，為何如此珍貴與重要。

近年來，有兩個心靈法門——「祕密」以及「零極限」，它們典型地命中了人類的兩大訴求：「尋求願望實現」及「渴求內在平靜」，因而聲名大噪。然而這兩個被稱之為捷徑的法門，一個恰恰是「自我」的助長劑，一個恰恰是「自我」的安慰劑，產生的弊害大於利益，卻被誤認為是有助於心靈與人生的良藥，因此很值得我們深入的討論。而藉由剖析它們，我們將會得到下列寶貴的收穫：

- 真正瞭解「吸引力法則」的全貌。
- 清楚瞭解「人類輪迴的原理」。
- 清楚「超越過去錯誤記憶」的真正途徑。
- 最後，對於各種靈性法門，掌握了鑑別之道。

ch 2

迷人的靈性陷阱

懷讓禪師是中國禪宗六祖慧能大師門下傳人之一，後來離開六祖到南岳的般若寺去弘揚禪法。開元年間，有一天，有位道一法師來到了般若寺掛單，可是他既不讀佛經，也不向人問法，只是一個人獨坐，禪定思維。

懷讓禪師知道他不是平凡人物，於是問他說：「大德如此坐禪，圖的是什麼？」

道一法師直接了當回答：「圖作佛。」

懷讓禪師知道他不願聽人說法，也不多說，就拿起一塊磚頭在道一法師面前打磨起來。

道一法師一開始並不理睬，仍然兀自禪坐。可是過了許久，懷讓禪師卻沒有要停止的意思，還是不停地磨。

最後道一法師終於忍不住了，便問：「磨磚作什麼？」

懷讓禪師回答：「磨磚作鏡子啊。」

道一法師一愣，笑說：「磨磚怎能作成鏡子呢？」

於是懷讓禪師說：「磨磚既不能成鏡子，坐禪怎能成佛？」

道一法師於是知道，光是身坐不行，必須用心，才向懷讓禪師請益佛法大要。

懷讓禪師說：「心地含諸種，遇澤皆悉萌；三昧華無相，何壞復何成。」（註）

道一法師聞言頓悟，後稱為「馬祖道一禪師」，應了六祖慧能先前的預言，成了懷讓門下最著名的禪師，在江西開堂說法，大闡禪宗法要。

「磨磚作鏡」後來成為了禪宗成語，引申為方法錯誤、徒勞無功的意思。但「祕密」與「零極限」不止是「磨磚作鏡」，甚至於對人們的智慧有損。

註

「心地含諸種，遇澤皆悉萌；三昧華無相，何壞復何成。」意識當中含藏了各式各樣的境界，它們就像植物的種子一樣，只要遇到了適當的條件，就好像種子遇到雨水，就會紛紛冒出來了。然而你要尋求的那朵開悟之花，本來就不是任何的這類境界，也不是一個東西，哪有什麼可毀壞或建立的呢？

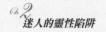

01「吸引力法則」的完整面貌

《祕密》一書自從出版以來，即橫掃世界各地各大書市排行榜，創下驚人的銷售成績。而它所提供的概念非常簡單：宇宙間最大的力量就是「吸引力法則」，如果想要心想事成，只要留意你的情緒和思想，讓它們完全地支持你所想要的畫面，那麼吸引力法則就會為你吸引來與你的情緒和思想相符合的事物——於是你的願望就會實現。

在《祕密》一書中的「吸引力法則」告訴我們，因為思想與情緒都具有磁力，能夠吸引來相對應的事物，所以我們可以去運用這個原理幫助自己實現願望。舉例而言，如果你生病了，希望自己的病能夠痊癒，那麼你若能逼真的想像，在想像中感受到自己已經回復了健康，並且讓自己放掉與此畫面不相符的情緒與思想，那麼你就真的能夠痊癒。

所以「吸引力法則」對社會大眾最大的吸引力在於：它告知你去利用「心念」的力量，讓人變得更樂觀與自信。對於華人世界的讀者來說，相信有些人自然而然就會冒出在《地藏菩薩本願經》裡面一個最著名的偈子：「若人欲了知，三世一切佛，應觀法界性，一切唯心造。」其中「一切唯心造」這句話，不就暗合了《祕密》所揭露的「心念的力量」了嗎？原來東方古老的智慧早就這樣說了。

可是這兩者間卻有天壤之別！

「一切唯心造」的原理對於《祕密》來說，是可以利用的，用來實現任何的願望。「一切唯心造」的原理對於《地藏菩薩本願經》來說，卻是必須去清楚瞭解的，才能不受業力輪迴之苦。

前者相信大家已經可以瞭解，但後者又是什麼意思呢？

對佛家而言，「應觀法界性，一切唯心造」的含意是：我們應該要去觀察清楚，萬事萬物是我們的心幻化出來的，不可以誤認為它們是外在的、真實的、絕對必須的東西，而去執著、追逐、計較。如此就會創造出業力與苦。

換句話說，一向以滅苦、出輪迴、廣度眾生為宗旨的佛家，是以「反省」的角度去看待「一切唯心造」的。它告誡人們，所有的外相都是自己創造出來的幻象，目的是在破除人們的無明與執著，以免沈淪。然而《祕密》所揭露的「一切唯心造」，卻反而基於認同人類對於外在事物的真實感與渴望，反過來想利用「一切唯心造」的這個原理，去創造自己原先得不到的東西，譬如變成了吸引財富、健康、幸福的最大利器！

有些人可能會說：可是透過《祕密》的說法去做，無論有沒有實現願望，它也鼓勵了我們保持正向的情緒和思想，至少我能夠因為這樣，用更積極的心態去克服困難，讓我感覺生活更有力量，心境也更樂觀，這不是很好嗎？更何況有的人真的就實現了願望，甚至屢試不爽，這樣不好嗎？

看來，《祕密》強調心念的力量，佛家也是，可是兩者的著眼點卻天差地別！為什麼會這樣呢？誰說的是對的呢？這只有藉著打開對宇宙間「吸引力法則」最完整的視野，我們才能瞭解。

首先，「吸引力法則」確實是宇宙間無所不在的力量，但這股力量的完整意義是：

每一個意念都具有類似磁力般的「吸引力」，會自動吸引與它相合的信念與經驗，去證明它自己是真實且重要的，同時，也會自動摒除其他與之不合的信念與經驗。而當它被人的注意力愈專注、愈持久的錨定時，吸引力也就愈大。如果這個「意念」被持續的加強，它的重要感與真實感就會持續增加，最終能夠顯化為物質世界的一整套真實的生活體驗。然而，這個「一整套真實的生活體驗」本來只是源自於某個人最初的意念所發起的，但現在，這個人也會反過來被這個「一整套真實的生活體驗」所控制（蒙蔽、執著），於是失衡也會逐漸發生。

所以，當一個人投射出一個意念，並透過吸引力法則持續加強它時，如果中途沒有任何修正，這個意念將成為一個執念，而他將會經歷「吸引力法則」所帶來的四個時期：平衡期、失衡期、失控期以及崩潰期。這完整的四個時期有的在短短的一生之內即可顯現，有的則需經過長達數次的投生歷程才能全部發生完畢。而這四個時期之中，只有「平衡期」是快樂多於痛苦的，其他時期的痛苦將會愈來愈多，直到崩潰。

以上敘述便是「吸引力法則」的完整全貌。佛家對於心念的戒慎恐懼，就是源自於對上述歷程的觀察，所以它總是強調，無論我們認為自己的心念是「正面的」或「負面的」，只要執著，都會陷入輪迴之中，無法脫離痛苦的循環。

那麼《祕密》一書所談的「吸引力法則」，是屬於這完整歷程中的哪一區塊呢？它屬於「吸引力法則」的第一個時期：「平衡期」。也就是說，《祕密》其實只敘述到了「吸引力法則」完整歷程的前四分之一。因此有許多正在使用吸引力法則的人們，雖然可能正在經歷自認為正向的經驗，但實際上那卻是整個「實現願望」完整歷程的前期體驗而已，有更多危險正潛伏在後面等待著他們。

所以接下來很重要的一件事，就是讓我們透過實際生活中的舉例，詳細的來瞭解，究竟這完整的四個時期是怎樣的狀況？為什麼危險？

02「吸引力法則」的四個階段

假設有一個人叫做某甲，他覺得自己是貧窮的，開始想用吸引力法則去創造更多金錢，那麼接下來會是一個怎樣的演化過程呢？

假設貧窮的某甲原本對金錢的態度比較排斥，可能過去認同了「金錢＝自私」或「金錢＝競爭」或是「我不夠聰明」等信念，所以先前的自己對於賺錢的態度顯得比較消極，賺錢的動力一直比較缺乏，錢也真的就賺得比較少，甚至衍生出一些自卑感和人際關係的退縮情形。如果沒有任何因素將他的態度改變，那麼這樣的態度按照吸引力法則，就會讓某甲吸引愈來愈多衍生性的相關經驗，例如：愈來愈和老闆不合、常換工作、物質生活愈來愈拮据、自信心繼續下降、憤世嫉俗、人際關係更加孤立……等，這些痛苦將愈來愈劇烈。

平衡期

現在假設有一天，無論因為什麼機緣，總之，某甲決定要反過來重視金錢了。於是，他開始去運用《祕密》所教導的吸引力法則，仔細去想像自己變得更有錢之後的生活畫面，並且在其中感覺到成功、喜悅、自信和自由；同時，也對於任何否定這個畫面的相關思想和情緒都一概不予理會。然而在這樣做的同時，新的信念「金錢＝成功」、「金錢＝自由」或「金錢＝自信」其實也悄悄萌芽了。那麼接下來某甲的人生會如何變化呢？

由於他本來行之有年的金錢態度已經為他形成「一整套真實的生活體驗」，所以在短期內他的生活不會立刻改變。然而漸漸地，由於他開始願意踏出第一步，改變了對金錢的態度，也用願望實現後的願景來賦予自己動力，他就願意去留意並且參與能夠賺取金錢的各種可能機會，所以新的生活體驗、新的人事物也開始注入舊的生活型態了。例如他開始閱讀理財書籍、培養第二專長、學習時間管理等等，雖然不若以往閒暇，卻反而覺得比以前更加充實。而因為這些新的生活內容，會使得某甲更能將意念能量聚焦在「賺取金錢」的主題上，所以吸引力法則就會加速地作用，某甲的收入便確實逐漸增加了。這段期間就是某甲在平衡以前的不平衡，會是他覺得最愉快、最有收穫的時期。而除了財務狀況真的改善之外，個性也變得開朗，在人際關係上自然更受歡迎了；另外由於金錢增加、賺錢能力也增加，某甲對於自己的未來也就更具信心了。

《祕密》一書的真人實證談的正是這段時期的效應，就好像一齣電影，故事總是在這個願望實現的快樂景象中做了 happy ending。

然而人生還是在進行中的（而且並不止這一生），那麼，某甲接下來的故事發展會是如何呢？

失衡期

由於賺錢對某甲而言，在平衡期幾乎都是正面的體驗（正面是指當事人感覺到喜悅，與實際上的好壞無關），因此某甲會開始悅納有關金錢的種種新觀點，譬如「金錢的豐盛也代表宇宙的豐盛」、「心靈的自由與金錢是不違背的」等等說法並沒有不對。然而問題是，某甲所不想去覺知到的另一面信念，其實也正在滋長著，例如「金錢是自我評價的指標」、「我害怕再回到以前的窮日子」、「別人其實是因為我的金錢而重視我的」……當某甲的外在開始呈現榮景時，其實，內心也相對滋長著害怕失去現狀的恐懼。

於是保護自己的機制——「二分法思維」就會上場了。某甲在享受著新成就的同時，也會辨認出自己潛在的不足以及威脅，於是便無法安於目前的成果，會繼續將目標重新往更高處設定。（註）而現在的某甲無論在人際資源和知識上，又都比以前更為豐富了，所以賺錢的速度也更快，金錢果然更快速、更順利地朝向更高的目標累積了。也許從別人的眼光看來，這段時期仍是極為順利而令人羨慕萬分的。可是這時，生活的種種不健康狀況也開始悄悄出現了，諸如飲食不正常、睡眠不足、壓力開始增加、家人情感逐漸疏離、有問題就想用金錢解決，甚至開始做違背良知或原則的事……雖然也許在外表上，某甲還是顯得相當風光。這個時期就是「失衡期」。

失控期

凡是事情進展得愈順利，人就愈放不下，因為自我自認為在其中得到了更大的安全感與價值感，所以就算知覺到生活的其他領域可能發生了問題，一想到要放掉眼下賺錢的機會去處理，就會既恐懼又捨不得，於是健康、情感、良知等等其他人生需要平衡的部分，仍然繼續被忽略。

註

通常在這時你聽到的都是諸如「我想挑戰更高夢想」、「努力讓我有價值」或「我想用我更大的成功去幫助別人」等正面的說詞，但絕大部分背後真正的驅動力其實是恐懼。

何以可以如此肯定呢？如果大部分成功人士不是用「夢想」去包裝實際上的恐懼與匱乏感的話，我們的世界不會是今天這樣的面貌：市面上充斥著黑心食品，各行各業充斥著不可告人的祕密，商業與政治領域中充滿著丟棄道德良知的欺騙與宰制，各種無所不用其極的炒作正稀釋著大部分人微薄的薪資。

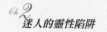

有一天，所有能讓某甲往回修正的人事物等因緣都離開了他身邊，而圍繞著金錢成就所吸引來的一整組人際關係與利害關係，也會由不得某甲往回修正了。

例如，即使明明知道自己健康亮起紅燈，還是無法放掉目前作息模式；即使明明知道自己的競爭方式違背良知，也必須給自己找到合理藉口；明明知道所交的朋友並非善類，為了利益還是要與之結黨；明明知道自己仇家愈來愈多，更必須要狠下心去爭鬥……於是某甲已經被整個形勢架著走，朝向釀成崩潰的未來邁進，而這段「執念已經形成實質生態」，個人幾乎已經陷入「人在江湖身不由己」的難以自拔的時期，就是「失控期」。

崩潰期

如果說已經步入失控期，因為已經無法自拔，那麼未來幾乎很難避免發生大崩潰狀況。譬如終於疾病大發作，或東窗事發鋃鐺入獄，或被仇家整倒，或過度擴張週轉不靈……總之，一旦進入崩潰期，就可能是錢也賠了、權也丟了、身體也搞壞了……一切成果潰散，使某甲的金錢遊戲嘎然停止。這個狀況稱為「崩潰期」。

不過，崩潰期也是執念的願望無法再繼續，並且得到慘痛教訓的時刻，雖然是被迫，但某甲反而得到了一個前所未有的停下來的機會，去反省檢討。只是，某甲真的能夠正確的反省嗎？很難說，因為崩潰期的人是充滿情緒的，更有可能因而做出了錯誤的結論和行動，而導致更糟的未來。

網路上有一部動畫短片，非常具象地描述了上述吸引力法則的四個時期，這一齣動畫片名為《最後的編織》，建議可作為延伸閱讀的資訊。（註）

歸納言之，人只要愈將注意力集中在哪個意念上，吸引力法則就會開始賦予這個意念實現自己的力量。然而同時，這個實現出來的生活型態，也會愈來愈變成一個放不下的東西，反過來局限住個人心智覺察的範圍（被蒙蔽、被綁架），於是整體生活的失衡就在其中漸漸發生，因而走向失控、甚至崩潰。而整個過程可分為四個時期：平衡期、失衡期、失控期與崩潰期。

每一個朝代的衰亡、每一次景氣的衰退、每一位英雄豪傑的失敗之前，不都曾經有過榮景？世界歷史如此，個人也如此。而箇中的原因，不都是：奮力得到的東西，最後反過來蒙蔽了得到的人，一切才開始腐化的嗎？因此《祕密》一書的問題點很明顯，它只看到你可以用意念吸住願景，卻忘記在此同時，意念也在吸住你！

或許有人會想，那麼我在失衡期出現之前，就停下來，停在平衡期，那不就好了嗎？

這個問題可以用兩點來回答：

一、「自我」在追求中累積它的成果時，同時也在滋長著對失去成果的恐懼，這份恐懼就會讓它覺得現在的成果還不夠，也會覺得敵人永遠潛伏在四周，所以除非受阻，它是不敢自己停下來的。另外，若成果愈多，自我也會貪著水漲船高的自我價值感，愈來愈不想停下來；就算自我知道生活中哪個部分是失衡的，也會予以忽視，不想去處理，因此就會讓失衡的部分繼續惡化。

二、自我既然已經有了集中意念的方向，就不清楚自己生活中失衡的部分在哪。譬如：

一個明明最需要學習去關心孩子成長的男人，卻正在努力用吸引力法則衝刺事業。

一個明明最需要去療癒受虐個性的女人，卻正在用吸引力法則想留住一個男人。

一個明明亟需改變自己生活模式、快要得癌症的人，卻正在用吸引力法則想成為老闆心中的紅人。

甚至，一個明明應該好好感謝家人無止盡包容的賭徒，卻正在用吸引力法則想一夕致富！

我們不妨想一想，為什麼俗話會說「千金難買早知道」呢？當一個人甚至不知道哪個生命議題才是自己應該去面對的，還以為自己的願景就是解決一切的答案時，怎能不導致失衡？

註

《最後的編織》原文片名「The Last Knit」，Youtube可搜尋到。

內容描述一位老太太坐在一張椅子上編織，而她的椅子離懸崖邊大約還有五公尺。可能因為這樣，所以她覺得是安全的，於是她開始低頭專注地編織她想要的布匹。當看到自己編織出來的花樣如此令她滿意時，她變得更振奮、更投入了。由於編織物慢慢堆積在腳前，每一陣子老太太就會把它們往前踢，好挪出空間來讓手上正在編織的布匹能夠往下垂，以利工作。

隨著時間過去，這編織物一直在往前方的懸崖邊延伸。老太太有時會有一念想說，好像已經足夠了，準備拾起剪刀來做結；可是看到好不容易擁有的成果，總是猶豫了半秒鐘，還是選擇了拿起下一個毛線球繼續編織下去。畫面中，老太太的目光一直盯著眼下的工作，全神貫注，而且似乎漸漸進入了一種極為順手的狀態，勾針節奏愈來愈快，布匹又更快地在腳前堆高起來，老太太又是一邊低頭編織一邊用腳往前一踢；可是這一回，布匹的前緣終於因為不斷地推擠，垂進了懸崖，而開始慢慢往下滑了。

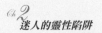

過了不久，老太太這邊突然感受到一股拉力，布匹不再垂到腳下，而是被往懸崖的方向拉去；不過由於垂入懸崖下的布匹重量還不是很重，一時之間似乎並沒有危險。然而這時就看到，老太太根本不去留意為什麼布匹被拉住了，她好像想要緊緊把握住現在極為順手的狀態，所以只是用力把布匹往自己這邊拉回來一下，讓手下的布匹可以暫時往下垂墜，然後繼續快速地編織著。

就這麼一拉回繼續編織、再一拉回又繼續編織，這個反覆的模式持續了一陣子之後，隨著垂入懸崖的布匹愈來愈長，老太太這端的布匹也愈來愈緊繃了。最後垂入懸崖的布匹的重量，終於達到一個臨界點，老太太突然往前一個踉蹌被拖倒在地，可是她的雙手似乎有一種不願意停下來的癮頭，一邊爬起來的時候雙手仍然不停地編織。然後老太太一邊編織著一邊快步走到懸崖邊察看，才看到長長的布匹已經整個垂進懸崖，往下拖了；其實這個時候如果先停下來處理這個狀況還是可以的，但是她的雙手就是捨不得離開勾針。

突然，一陣大風從懸崖下往上颳起，將布匹吹得老高，老太太不再被緊拉住了，這本來是個更好的時機，給她機會去拉回布匹，但對老太太而言，竟是一段仍可以繼續操作編織的空間。老太太火力全開，以我們幾乎無法看清勾針的速度全力編織。而突然間，到這時，毛線球整個用完了，老太太一愣，隨即散開盤在頭上的長髮，開始用髮尾編織進布匹，沒有多久，她的頭髮與布匹緊緊連在一塊兒，而這時候，大風停止了，所有布匹又落入懸崖，這次以無比的力道，將老太太從頭部整個拖行到懸崖邊。這時老太太才突然清醒了，極力自救。她將勾針插入地面，阻止自己被拉入懸崖，並以左右手分別將勾針一插一插地，想靠爬行把自己帶離懸崖，向椅子那端靠近。然而突然，一隻勾針折斷了，老太太便瞬間掉入了懸崖底下。

畫面出現幾秒鐘的寂靜，眼前只剩斷崖與天空，讓人不由得哀傷起來。可是這時候，老太太居然爬上來了！頂著一頭斷髮。老太太或許攀住了什麼而沒有徹底墜入深淵吧，真是大難不死。她蹣跚地走回椅子上坐下來休息，環顧四周，努力織出的布匹全部都成了一場空。現在，她不知道該做什麼好了！她雙手無意識地做出了以前習慣的編織動作，但勾針和毛線球也都沒有了，地上只剩下那支剪刀。

動畫的最後一幕是：老太太百無聊賴地把剪刀拾起，在空中比劃了幾下，又無聊地試剪了一下指甲。突然間，她覺得讓剪刀一張一合、能夠剪東西的感覺很有快感，她眼睛又亮了起來，嘴角又勾起興奮的微笑，剪刀咔嚓咔嚓又開始四處搜尋目標了。

「編織」比喻著實現願望的努力，而「美麗的布匹」則象徵成果的累積。這部動畫適切地比喻了「吸引力法則」的完整過程，而這個過程有四個階段：平衡期、失衡期、失控期以及崩潰期。

老太太剛開始編織的時候，因為開始得到之前渴望的成果，且漸入佳境，所以感受到快樂，這就是「平衡期」（平衡之前的「渴望」與「沒有成果」的感覺）。然而「成果」卻也會慢慢形成一種重量、一種綑綁，開始將她導向危機。這時候雖然她還是極為快速的在編織，但布匹垂入懸崖的拉力卻已經開始在增加，並且對編織的動作產生干擾了，這就是「失衡期」。老太太不是沒想過要停下來，但「成果」愈多，吸引力就愈強（貪念），後來甚至老太太已經眼見危機愈來愈大，卻還是停不下來的繼續編織，這個時期就稱為「失控期」。這就像戴上了電影《魔戒》中的魔戒，戴得愈久就會愈捨不得摘下來，到最後人的心性被魔戒的魔力反過來控制了。

到後來，老太太竟然還瘋狂地將自己的頭髮編入布匹，這象徵著整個成果所形成的架構已經成為了主人、反控了創作者，創作者再也無法脫身，當失控終於達到了臨界點。老太太最後被拉向深淵，所有成果毀於一旦，這就是「崩潰期」。

老太太最後居然沒死，從峭壁攀爬了上來。然而不久以後，沒有毛線可以編織的老太太，卻開始玩起了剪刀，而且似乎又看到了剪刀可以帶來的可能性，從她的神情中，你看到了當初開始編織毛線時的那種快感，於是遺憾地知道：另一次輪迴開始了，又是另一個「平衡期」的開始。

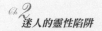

03《祕密》——自我與輪迴的黏著劑

或許你會說，沒有那麼可怕吧！根據實際經驗，大部分人就算有點失衡，也沒有經歷過什麼崩潰期，不都是普普通通地過了一生嗎？

執念是可以累世累積的

沒錯，大部分人的人生通常不會太過戲劇性，這正是因為我們大部分的人不會太「專注」的使用吸引力法則的關係。譬如說，我們有時也想成為千萬富翁，不過常常想不過三天就算了。此外，我們看重的「念」也常常在改換主題。例如：才努力熬夜工作一陣子，結果長出痘痘變難看了，就說：唉！人生不要太強求，健康才重要！所以我們的「念」一下子擺在健康、一下子擺在交友，等一下又擺在學英文、擺在兼差……每次都擺不了多久就換地方擺，因此人生頂多體驗到失衡，就不容易演變到失控，而各方面的執念都不會太深。這就是普通人的一生。

可是這並不會一直這樣下去，這裡面如果沒有覺醒，經過了幾世的累積，我們也會有把某個執念累積到夠重的那一生。譬如：「這次我絕不要做一個平凡的人！」

讓我們用底下這兩個圖來說明整個「吸引力法則」在人生中鋪陳的樣貌：

〈圖一說明〉

一個執念所形成的完整「吸引力法則」過程，如圖有四個時期：平衡期、失衡期、失控期、崩潰期。

平衡期：彌補之前的失衡，感受到喜悅的階段（樂）。

失衡期：諸多弊端開始顯現的階段（苦樂參半）。

失控期：危機已屆紅燈的身不由己階段（苦多於樂，且愈來愈苦）。

圖一

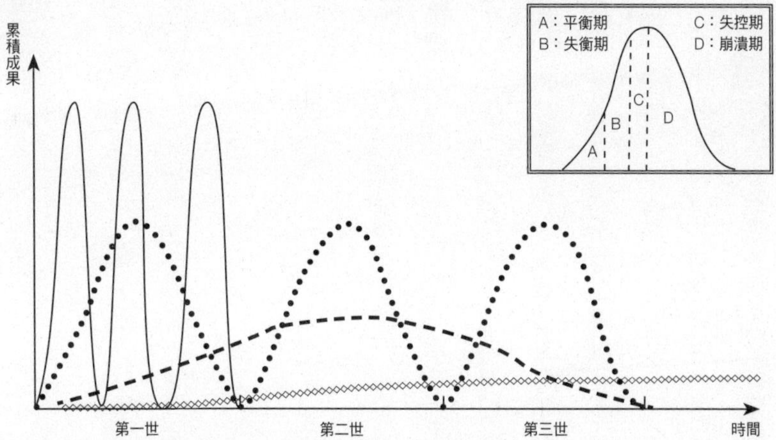

假設有四人甲、乙、丙、丁同做比較，如上圖所示。甲：── 乙：⋯⋯ 丙：－ － 丁：◇◇◇

甲執念最重，則因為「吸引力法則」，人生起伏劇烈，週期較短。一生就經歷三次大起大落。

乙執念次之，可能一生僅經歷一次大起大落，起伏也不如甲劇烈。

丙執念較輕，第一世結束時，甚至尚在人生漸入佳境的上昇階段，崩潰期要到第二世才會顯現。

丁執念最輕，看起來就像很平淡普通的人生，但若執念未改變，多世以後，仍會逐漸地經歷四個階段。

註：圖一、圖二僅為示意圖，非為數學函數圖。

崩潰期：成果瓦解階段（極苦）。

〈圖二說明〉

執念愈重，擺盪速度愈快，整個週期也愈短。也許有的人一輩子就可以重複好幾次從「平衡期」到「崩潰期」的週期；也有的人執念很輕，還在慢慢加溫中，所以整個週期會橫跨許多世，在這一世看不到太大的起伏。

崩潰期後，境遇會比之前更低

可是，這裡面還有一件值得警惕的事是：無論週期短或者長，這裡面如果沒有正確的反省，執念愈來愈重的話，雖然經歷了崩潰之後還是可以重來，但是境遇會愈來愈低。

譬如說，一個人二十歲的時候，可以仗著自己年輕、機會多，不改自己壞脾氣，跟人家一言不合就分手，很瀟灑。可是慢慢地，結怨的人愈來愈多，名聲愈來愈不好，朋友也愈來愈少。等到年紀一大把了，壞脾氣還是沒改，一言不合，分手的話又衝口而出，結果對方真的一走了之，再也沒人同情你，自己就苦不堪言了。

佛家講的福報的觀念，其實就是這樣的。如果一個人在一個循環之中不願學習成長，那麼就會為下一個循環提供了一個更難學習的起始點，因為我們變得比上一個循環更缺少

「福報」——也就是我們自己趕走了更多的助力，把環境弄得更艱難了。這跟身體療癒是一樣的，同一個問題，在症狀輕的時候不去解決，等到影響到整個生活才去解決，當然會更加艱難。

所以，即使意念不集中的普通人，都一樣在時間的長河中必然會載浮載沉地不斷循環著四個時期，更不用說刻意去利用「吸引力法則」的人了，他將會更密集且劇烈地縮短四個時期，並且境遇也會比普通人更加速地極端化。

因此，《祕密》一書雖然訴諸心靈法則，卻不能算是提升心靈的方法，它只是讓人們利用心靈的力量去執著與灌溉自己的設定，讓外在世界的發生去順從己心而已。然而經過我們上述的說明，相信讀者可以瞭解，這是個多麼容易加速蒙蔽自己、延誤面對問題、導致種種失衡的做法啊！在生命的長河中，更等於將自己陷入一場又一場苦多於樂的輪迴戲劇裡，難以脫身。

討論到此，我們可以順帶闡釋出整個「輪迴」的原理了。

04 原來輪迴是這樣進行的

「人生」其實是：一個尚未達到完全平衡的心智，不斷想要透過補償自己的不足，平衡自己所缺而展開的歷程。然而，因為人們總是只想追求願望的實現，而不是有意識地發展智慧，這個補償的努力要不是過了頭，產生了新的失衡，就是補償錯了方向，反而造成新的問題，結果衍生出更多的平衡與補償的需求，導致其追求沒有結束的時候。這個追求了半天始終仍在追求的生命狀態，就是「輪迴」。

讓我們再用那個某甲的故事來說明這個道理。之前我們的故事是：某甲最後來到了崩潰期，先前的一切成果化為烏有，那麼某甲對於自己的境遇，結論若是：「金錢太可怕，如洪水猛獸。」然後就此結束一生，那麼，這個比今生一開始的時候，更害怕、更討厭金錢的信念，便會讓他在下一世一開始時，境遇比先前一世更為極端。譬如說一開始就出生在一個極端貧困的地方，或在一個物質上被苛刻剝奪的對待中出生。

或是，倘若某甲的結論是：「我就是輸在小人手上，只怪我當時不應心軟。」然後帶著這個結論死去。結果，在下一生，某甲就會莫名其妙具有非常心狠手辣的性格，做任何事遇到阻礙他的人，都會毫不留情地除去，於是又度過一個水裡來、火裡去，極端孤獨的一生。

或是，某甲的結論還是：「情感不可信，還是金錢不會背叛我。」然後就帶著這個結論死去。結果，下一生，某甲就會帶著比上一世更重視金錢的個性，拼命地要錢、死命的要錢，更快地拋去道德良知、拋去任何顧慮……結果度過了跟上一世同一個模式，卻又更加快速失衡的一生。

然而，同樣的道理，在以上三種可能的下一世到了終點的時候，不知某甲又會做出什麼樣的結論呢？這個結論是讓自己的信念再一次擺盪到另一邊的相反極端，還是同樣的信念又一次變本加厲的重複加重？都有可能。可是無論是哪一種，某甲還是會再次的經歷一個終歸失衡、崩潰的痛苦人生而已。

如果把某甲在這金錢課題上的擺盪比喻為一座一直無法取得平衡的蹺蹺板，那麼在真實的人生中，會如此擺盪的蹺蹺板還不止金錢課題的這一座，尚有愛情課題的蹺蹺板、親情課題的蹺蹺板、修行課題的蹺蹺板……有多少課題就會有多少座。

在某甲心中千百個不平衡的蹺蹺板，組成了複雜的人生戲劇，透過不斷補償、失衡、崩潰、重新設定、再去補償、再去失衡……而終無寧日。為何人類內在的噪音（喋喋不休的心念）無法停止？其實你聽見的就是百千個生命課題的蹺蹺板，正在做各種擺盪所發出的咯吱聲——而那就是「輪迴」的「聲音」。

所以，深入觀察我們內在嘈雜不停的需求以及各種情緒、欲望，你將會瞭解：我們一直以為是我們自己要去實現願望，好像自己是人生的主宰者，其實，我們只是被過去成長背景（或過去世）的失衡架構所導致的需求，催促著要補償而已。然而眾多的需求彼此之間又互相掣肘、衝突，難以兼顧與擺平，於是在時間的長河中，我們仍然陷在重複地從短暫快樂的平衡期，被推向苦多於樂的失衡期，再被推向身不由己的失控期，最後邁向最痛苦的崩潰期，然後……再來一次。

因此，人間的輪迴確實不是一件好玩的事，也不是那麼容易超越得了的。不僅每一組（四個時期為一組）循環期都是苦多於樂，執念愈重的循環期，境遇甚至愈加艱難，痛苦也愈深愈烈。佛家看到這個輪迴的全貌，所以才說：「如果有人想知道過去、現在乃至於未來的佛到底覺悟了什麼，就要清楚的去觀察世間的萬事萬物，它們的存在、乃至於價值與必要性，其實，都是我們自己的心去創造出來的。」（若人欲了知，三世一切佛，應觀法界性，一切唯心造）

05 人生不是來「要」的

中土禪宗六祖慧能大師說：「心外求法謂之外道。」意思是：把人生的安樂建立在外在的任何事物，都不是真正能夠解脫於苦的道路。把內在的平安、喜悅建立在否定這個當下，然後追尋另一個意象，如同《一念之轉》的作者拜倫・凱蒂所言：就是地獄的開始。可是，如果說，人生不是以自我為出發點來實現願望的話，人生是來做什麼的呢？我們現在每天在這裡生活著，我們的目的是什麼？

二〇一二年初，出版社邀請我和另外兩位作家在國際書展會場舉辦了一個小沙龍，第一個題目就請我們談談對「心想事成」的看法。題目在活動之前就給了，所以我很傷腦筋地思考了好幾天。因為說到看法，好像不是一下子能講得清楚，每個人又只有三分鐘。結果臨去的前兩天，高靈透過M，簡明扼要地回答我：

人生不是來要的，人生是來瞭解的。

啊！是的！說得太好了，一語道破我內心的千百個頭緒，這就是我自己在人生這條道路上愈來愈體會到的。

高靈還說了另一句話：

吸引力法則是用來瞭解的，不是拿來利用的，利用的想法是很危險的。

沒錯，雖然我們看不見自己生命的輪迴，卻至少看得見人類的歷史。不管有沒有讀過《祕密》，數千年來全體人類有哪個時代不是在追求心想事成？結果當我們已經擁有手機、網路，相對於古人而言是神仙、皇帝才會有的生活境地時，我們還是覺得匱乏、緊張、渺小，充滿危機意識，甚至造成了一個失衡的地球生態與一個失衡的人類社會。因此，「一心實現願望」真的有那麼美好嗎？

然而，有人會問：如果人類的社會，不再以執念為出發點去追尋，那麼我們還會有新的創造發明嗎？人們還會有努力的動機嗎？一切還能向前進步嗎？的確，這是一個非常重要的問題，它必須被回答。你如何可以知足，卻又同時樂意進步？你如何能夠豐盛，卻又同時無我？而這些問題的真正答案就是本書最終要傳遞的宗旨，也是人類文明唯一可以將創造力發揮到極致，卻沒有弊害的關鍵概念。

不過在此之前，我們還要討論在靈修領域中的另一個法門——零極限。追求內在平靜可以說是人類除了實現外在願望之外的另一大訴求，而「零極限」可以說代表著關於這類訴求，最典型的誤區之一。

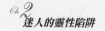

06《零極限》——惡性循環中的安慰劑

《零極限》是繼《祕密》之後，在台灣心靈圈引領風騷的著作。《零極限2—富在工作》是它的續集，而作者之一「伊賀列阿卡拉．修．藍博士」在一個小短片中對《零極限》的基本概念做了簡介：

「荷歐波諾波諾」是非常簡易的方法，它能讓你找到內在的平靜。平靜的起始點永遠在你的內在，不在其他地方。只要你是平靜的，你周遭的一切也會是平靜的。只要你是平靜的，你的生意也會是平靜的，你的家庭是平靜的，你的人際關係是平靜的。但如果你不平靜，問題就會產生。所以荷歐波諾波諾就是內觀，看向問題產生的源頭，也就是你的內在。問題的起因只是一些過去記憶的重播，像是過去的錯誤、過去對萬物的冒犯、過去的問題，就是這些一再重演。就好像是足球賽的重播一樣，不管是球賽也好、不管是哪一球沒進也好，那都只是一種重播。荷歐波諾波諾就是把那些重播的記憶拿掉，把這些重播轉化，請神性把它轉化為「無」，從「無」當中——也就是佛祖所說的「空性」。從「空性」當中，靈感與開悟就會為你而生。

「荷歐波諾波諾」方法的意思是：遇到任何自己覺得有障礙、不順利或是不平靜的事情時，要為它「負起百分之百的責任」，也就是要相信這些是因為自己內心過去記憶的重播所導致，而不要認為是外在世界給我出的難題。然而，我們有太多的過去世，無法一一知道問題是由於哪些錯誤的記憶所引起，怎麼辦呢？只要一直使用「荷歐波諾波諾」，也就是唸誦底下的四句話「我愛你、對不起、請原諒我、謝謝你」，就能將這些你所不知道的錯誤記憶逐漸清除，而一旦我們內心錯誤的記憶清除掉了，外在問題也會自動消失。

續集《富在工作》可以說是《零極限》的「荷歐波諾波諾」在商業上的應用書，書中舉了一個例子說明：

假設我們有五個人共同經營公司，如果我對其中一人感到「不滿」，那麼公司的運作就會受阻，因為光被遮蔽，使公司的營運停滯。

那麼，應該怎麼做？

在這種狀況下，請先反問自己：「到底是潛意識中的哪些資訊（過去的記憶）成為對那個人不滿的原因？」然後將此部分刪除（指單純利用唸誦四句話「我愛你、對不起、請原諒我、謝謝你」）。

這個作法可以消除潛意識中引起不滿的資訊，而對方內在使我感到不滿的所有資訊也可以清除。

這樣的話，五個人都可以獲得靈感，在各自最擅長的領域中，將自己的能力發揮至極限。

最後，公司與個人的能量合流，再度朝同一方向前進。

綜合上述的內容，《零極限》的核心概念可以歸納為兩點：

1.刪除潛藏在過去記憶中的錯誤資訊，外在問題就會消失。

2.利用「四句話」可以刪除潛藏於過去的錯誤資訊。

《零極限》提出的那四句話的確很美，這四句話能夠平衡我們經常未說出口的「我愛你」、「對不起」、「謝謝你」、「請原諒我」，因此當你的內心願意說出這四句話，甚至能親自對該說的人說出口，你能感覺內心重新回到愛的感覺。這也是《零極限》剛開始問世的時候，很快觸動人心，能廣為流傳的原因之一。我們確實應該在生活中常說這四句話。

但是，雖然這四句話很美，《零極限》的核心論述則是錯誤的。我們提供的理由也可以歸納為下列兩點：

1.依靠「刪除錯誤資訊」去避免受到錯誤資訊的影響，是不可能的。

2.要避免受錯誤資訊影響的方法，只需「清楚」而非「刪除」。清楚了，就不受影響。

此外，因為《零極限》將「我愛你」、「對不起」、「謝謝你」、「請原諒我」導引成一種「回復內心平靜」的法門，它反而剝奪了這四句話最重要的價值，讓這四句話變成一種延誤人們真實成長的安慰劑。以上諸項就是本章接下來要詳盡闡明的部分。最後，我們也會重新還原這「四句話」對個人成長的真實意義。

07 如何真正避免錯誤資訊的影響

我們先以大家熟悉的網路世界來作比喻。在網路上，數以億計的程式病毒此刻正在流竄，新的病毒品種也隨時在誕生、複製。如果你希望在上網時運作順利，避免受到病毒影響，該怎麼辦呢？你是否會認為僅僅只是「刪除」自己電腦中現有的病毒，是一個可行的選擇？不會，因為任何人都知道，只要你一上網，新的病毒很快會流向自己的電腦。那麼，開始致力於刪除「所有」網路上流竄的病毒，可行嗎？你知道這更不可行，因為就在你刪除某一個病毒的同時，其他的病毒正在全球以N次方的速度進行複製。所以若要靠不停的「刪除」網路世界的病毒，來避免上網時受到病毒影響，根本是螳臂擋車。

那麼，既然網路世界的程式病毒已不計其數，更何況我們生存的整個宇宙，充滿著無盡的資訊，在宇宙的一體性中，所謂你不想要的錯誤資訊的數量，又何其龐大！而我們人跟人之間的交流並沒有界線，因此無數他人製造的資訊，同樣可以不斷影響到你。

譬如有人拍了一部有關二〇一二的電影在全球上映，電影明明是虛擬的，但電影中的畫面以及電影中的概念卻可以影響到所有欣賞過的人。假設有一個人不想要受到這部電影的影響，他該怎麼做呢？從他的電影名單中「刪除」這電影。不去看這部電影就不會受到影響嗎？事實上，除了跟這部電影有關的媒體資訊還是會從四面八方湧來之外，因為有這麼多人都看過了，無形的情緒氛圍也會間接地在人與人之間交流時傳遞；而這樣的情緒氛圍所引發出來的其他關注，例如地球永續發展危機、極端氣候、外星人、瑪雅預言、人類文明轉變……所有真真假假的資訊同樣可以被這部電影激化，透過各式各樣的管道進入沒看過這部電影的人的心裡。所以很明顯的，即使你本人沒有這部二〇一二電影的記憶，卻同樣可以受到這部電影的影響，因為那無數的別人，他們與你有著根本無法切割、全方位的流通性。

所以若以刪除錯誤資訊來尋求消除人生問題，則除非刪除全體宇宙中的錯誤資訊，但這顯然是不可能的。

因此透過「刪除」而消除影響，在網路上甚且行不通，在人生中更不可能了。

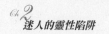

那麼，為了避免受到錯誤資訊影響，正確的方法是什麼呢？其實很簡單，**「錯誤」只需要被清楚！就不再對你產生影響力了**。而這早就是我們在生活經驗中所使用的方法。

我們在自己的電腦上，不都安裝了防毒軟體嗎？「防毒軟體」是什麼東西呢？它正是一套對網路上流竄的各種病毒的意圖、偽裝方式及執行方式能夠清楚辨識出來的軟體。也就是說，防毒軟體所做的事只是清楚（能辨識）誰是病毒，然後拒絕「答應病毒程式進入你的電腦執行工作」的要求就夠了，於是你不需要清光網路中所有的病毒，就可以整天遨遊在網路世界，卻絲毫不受億萬病毒的影響。

人生也是一樣的，我們之所以會受到過去的記憶或任何資訊的影響，**是因為我們不假思索地「認同」了它們**。如果你開始有意識地覺察到它們，辨認出它們不是你的真相，或根本不會為你帶來福祉，你就會讓它們輕輕的從眼前掠過，它們就無法影響你。

以前小萍還是個小孩的時候，父母只要大聲講話她就害怕，因為她經驗過他們對她暴力相向。後來小萍長大了，雖然早已離開對她嚴厲的人，卻沒有更新潛意識中對自己的認知，只要一聽到別人說話大聲一點、凶一點，就會很緊張、焦慮，無意識地進入一個弱小孩子的情境裡去聽別人說話。這個過去的記憶確實影響著小萍，但那是因為每次小萍都不假思索的就進入了兒時的情境。

有一天，小萍從自己的緊張焦慮中，去追溯這個情緒的來源，才發現到平日幾乎不曾再回顧的這段過去的記憶，原來還在影響著自己。她發現，原來在別人大聲講話的同時，她的潛意識就不自覺地進入了小時候的情境裡去了！她只不過是自己掉入了那個過去的情境裡，當下其實並不存在暴力威脅的。這個瞭解，讓小萍能清楚辨識出當下在焦慮的只是一個過去的夢，不是此時此地的真相；於是小萍給予那段記憶中的「內在孩子」一個愛的擁抱，讓她去釋放掉還存放在身體內的情緒。之後小萍就發現，以後聽到有人大聲講話時，自己竟然不再焦慮了；同時，小萍也清楚看到自己早已經是一個跟過去那個受傷的小孩不一樣的大人了。

小萍當然還記得小時候的這段記憶，但是經過了這樣的清楚，它就像是掛在紀念館裡面的一幅畫，小萍能夠看著它，而知道自己不是它了。

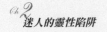

08 人生唯一需要的是「清楚」

錯誤記憶或任何誤解就像夢，不需要刪除一個夢，唯一需要的是讓自己清醒過來認清楚「那不是真的」，就不會受到影響了。佛教有一部《圓覺經》說：「知幻即離，不做方便。」意思與高靈跟我說的話一樣：

你能清楚，什麼作為都不需要。

「清楚」就好比我們意識中的防毒軟體，我們能覺察、能做個有意識的人，就用不著去害怕任何資訊，因為它們的破綻既然被我們看見了，我們就不會隨之起舞，這就是「解脫」（瞭解後而脫離）了。如果瞭解了這個道理，就可以更進一步明白，所以：相對於一個更有意識的人來說，有毒資訊也會變成沒有毒的！

《零極限》雖然也說到佛家的「空性」（註），但從它認為「問題記憶」或「錯誤資訊」是需要清理的這種見解，就知道它對「空性」的真義缺乏瞭解，也才會進入「時時勤拂拭」的邏輯。如果對「空性」有正確瞭解，那麼就會知道「錯誤資訊」對於你，也可以是「本來無一物」的。

譬如網路上如果有一封信告訴大家：「一邊想著你的願望，一邊把臉用力打一百下，你會心想事成。」你覺得這封信會對你有害嗎？會需要擔心以後還會再收到這個錯誤資訊嗎？不需要，因為你的瞭解高過於它，於是它對你就是無害的，甚至還可算是無聊的笑話一則呢。但是想像一下，隔天你碰到了你的鄰居，他的臉很腫大，然後滿眼含淚，你問他怎麼了？他說：「唉呦！我的願望根本都沒實現。我被騙了！但我會為自己的遭遇負起百分之百的責任，我相信我會收到這種可怕的騙人的信，一定來自於我過去的業障，請告訴我，我要怎樣清理業障，讓我以後不再會收到這種有毒信件呢？」

那麼，你真的會建議他去花時間摺一千只紙蓮花清理業障？還是建議他重新反省自己的邏輯呢？

註

「空性」是指，萬事萬物當下表現出來的內容、性質，都是相對於觀察者而有的，所以事物並沒有固定的自體性。甚至於，萬物的「有」也是相對的「有」，「無」也是相對的「無」。所以「空性」所指的並不是一種特殊的歸零境界，而是當下即是。

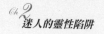

其實，對我們有害的記憶或資訊，不是本身就是有害的，而是我們自己缺乏瞭解，當我們的瞭解提升了，甚至過去的那段記憶還會變成我們最寶貴的生命資產呢。譬如前面小萍的例子，當她自己成長以後，她甚至會感謝有過這段過去的經歷，讓現在的自己更懂得同理別人，更知道如何幫助處在同樣遭遇的人，也更知道這世間的苦，讓自己長養出更大的慈悲心！這就是為什麼佛家說「煩惱即菩提」，你說的垃圾，對更覺察的你來說就是資源。

然而《零極限》主張刪除問題記憶，甚至衍生出貼紙或相關產品，說可以幫助人二十四小時繼續清理，這可說便是 New age 版「消業障」的說法。它不瞭解「錯誤資訊」或「問題記憶」的本質是空性的，也就是，觀察者改變了，所觀之物就改變了。所以重點其實只是觀察者的智慧需要提升，而不是把「過去記憶」當作實際的障礙要去清除。

因此高靈對我們說：

任何的「清理」裡面如果沒有清楚，這裡面沒有真正使你解脫的效果。增長智慧（清楚）才是在地球上得到自由的正途。

09 真正有效果的「對不起、謝謝你、我愛你」

承上所述，可見「清理」的概念根本不可行，甚至不必要。那麼藉由我們前所面談的道理重新來看，怎樣去運用這四句話，才會對我們的人生有真正的益處呢？

這裡就要請看過《零極限》或曾經喜歡過《零極限》的讀者們，重新去回憶一下了。當初你看到「我愛你、對不起，請原諒我、謝謝你」這四句話的時候，為什麼會被觸動？為什麼會被感動呢？

其實那是因為這四句話輕輕地「提醒」了你某些事，不是嗎？它觸動的，是你的「良知」，也就是你內在那顆塵封已久的心。

你知道自己匆匆忙忙地在生活，其實早就忽略了許多人；你知道有很多時刻你沒有回應別人的愛，也沒有給出該給的愛；你知道很多時候你並沒有善待你該善待的人，甚至讓你的忽略衍生成別人的孤單；你知道很多時候你嘴硬或因為害怕損失，而錯過了還給別人內心平衡的那一句道歉；你還知道很多時候別人幫助了你、做了你的依靠和後盾，而你卻沒有回過頭去承認那份獲得，給予應有的感謝，一直在顧著自己想要的東西繼續向前跑……

這一切的一切，因為你其實一直都知道，所以當你看到《零極限》鼓勵你說「我愛你」、「對不起」、「請原諒我」、「謝謝你」時，你的心就被觸動、被感動，甚至掉下眼淚來了。你感受到「對！我的心在說 YES！」所以你喜歡上《零極限》，然而，你喜歡上《零極限》，最初是因為這四句話本身。因為這四句話真的有著非常珍貴的價值：它讓我們反省，讓我們放下我們的自私，讓我們願意重新回到愛裡，做對的事。

這四句話真正重要的價值是在於：它把我們的注意力拉回到重視「你」——也就是我們眼前的人，而不是繼續放在「我自己」身上。「我愛你」這句話是如此有意義，正是因為有「你」。「對不起」的主角是誰呢？也是「你」——我願意去正視你。「請原諒我」也是說給「你」聽的不是嗎？而「謝謝你」更是因為這一切美好中「有你」！

這四句話共同的內涵就是「我心中有你」！是因為這樣，所以我們才被觸動的，因為我們的良知就是我們內在的一體神性。

這四句話的意義在於珍視真實人生中的「別人的存在」，它們的價值就在於改變我們的心態，讓我們心中時時有別人，透過「回到愛」，化為實際行為上的修改。

因此當你說「對不起」，你不只是說聲道歉，而且真的會去檢討、去改變；而這種「對不起」一定會有具體的反省內容，也會有具體的行為改變。換言之，這裡面經歷了一個思考、反省、看清楚的過程。

因此，與其不明所以的在那邊每天二十四小時為了自己而清理，還不如面對現實生活，去對那個我們真的應該說聲對不起的人，實際的去說聲「對不起」。而在實際的說對不起之前，一定要反省過為什麼要說對不起的原因，而自己未來又能怎樣的去改變；這樣的「對不起」才對別人、也對自己的成長有真正的價值。而當我們真正有所改變時，我們說的「請原諒我」也才會是真誠的，也才會有意義。

當我們說「謝謝你」時，又為了什麼事而感謝？面對一個讓你心生不滿的人，我為了什麼感謝他？我真的收到了禮物嗎？還是只是想消弭這個被我稱做「負面」的發生呢？那麼我是否認為，只要保持內在的平靜，就不會拉肚子、不會被唾罵、不會有仇敵、不會死亡了嗎？這些都是佛陀在成道之後依然經歷的事，難道佛陀的內心沒有比我們平靜？

所以真正的「謝謝你」，是因為真的看出了自己如何地受惠於對方，產生出由衷的感謝而說的，而這樣的感謝自然會讓我們樂於去回饋、去付出，使我們的意念回歸於一體的愛。所以如果能從一個傷害我們的人那裡去看到他對我們的貢獻，若非經真實地經歷一番自省，是不可能做到的，而這樣的「謝謝你」才有真實的價值。

最後，真正的「我愛你」又是什麼？並不是用一個和平的感覺，去取代我的憤怒；並不是用一個包容的感覺，去取代我的嫉妒；也不是用一個溫柔的感覺，去取代我的不滿。用正向的感覺去代替一個負向的感覺，那就是「愛」了嗎？我清楚了為什麼我憤怒、為什麼我嫉妒、為什麼我不滿嗎？我真的清楚了為什麼你是值得愛的嗎？

真正的「我愛你」是因為深刻地瞭解了別人、瞭解了自己，才不再停留在表面的批判和情緒當中，產生出因瞭解而來的慈悲，這才是真的愛了自己，也愛了別人。這時候說「我愛你」，那才是真實的愛。

在生活中，面對實際的狀況，真實的經過反省，而說出「我愛你」、「對不起」、「請原諒我」、「謝謝你」，這樣子去運用這四句話，你的人生一定愈來愈美好，跟你相處的人一定愈來愈幸福。而這裡面的道理完全不玄妙，相信你一定知道！

然而，《零極限》卻將應該為「別人」而說的這四句話，變成了為「自我」而清理的法門，且勤於複誦，卻無具體內容的反省，這不但延誤了個人真實的蛻變，甚且，虛假亦會從中滋生。

10 《零極限》的弊病

《零極限》的弊病可以總結為二：

第一：剝奪了「四句話」真正有價值的部分。

《零極限》教人，為了自己生活一切大小事的順利，重複著這「四句話」，甚至連使用影印機時，都提醒我們要用這四句話來清理掉影印機上可能附著的情緒能量，讓影印出來的提案書更可能被評審欣然通過。於是，本來讓人可以放下自我的四句話，被引導成了為自我而服務。

蕃薯藤新聞網在二〇一二年六月十七日刊載了廖士睿先生撰寫的一篇文章，當時他討論的是「宗教人士在宜蘭福山植物園放生眼鏡蛇」事件。他在文章中有這麼一段話：

放生被囚禁的生物在農業社會中，本來是一種發自惻隱之心的善行。然而現代的放生，則被財大勢大的門派，以佛教經典語錄充裝善意，扭曲成「贖罪」、「消災」與「解厄」的荒唐行徑。其長期與繁殖與獵捕業者之間的商業合作，數十年來在台灣與全球每一個被他弘到法的地方造孽無數。其信徒一再複製許多莫名其妙的神蹟，例如「放生之後，某個師兄師姐原本不良於行的腿就能走了」。難道這樣的宣傳話語不算宗教斂財？不算神棍療法？難道我們的法律遇到宗教團體就沒輒嗎？

的確，回歸到放生的本意，本來應該是出自於最單純的不忍之心，純粹為了那個受苦的主體而奉獻的行為，結果到後來卻被引導成了消除自己夙世業障、彌補自己現世罪惡、順利自己的事業人生而做，再度讓「自我」毒化慈悲的本意，衍生出所謂「商業放生」的荒謬現象。但《零極限》不也做了類似的事情嗎？它把明明可以讓我們放下自我的四個概念，反過來又變成了為自我服務的咒語。

第二：將「四句話」變成自我感覺良好的一種靈性包裝。

不知道你有沒有偷偷地期待有一天碰到「靈魂伴侶」？尤其剛開始參加一些冥想、靜心的工作坊，甚至遠赴國外去到靈修的大道場去開眼界時，單身的人不免會想，會來到這個領域的男人、女人至少比那些紅塵滾滾中的紅男綠女有靈性多了吧?!也許在這裡可以遇到懂得真愛的另一半呢！結果，有人真的跟某個看似「很靈性」的男人或女人談過戀愛以後，才發現所有的自私、逃避、吃味、不負責任全都沒有不一樣，只是更可恨地被那人用各種靈性的語彙粉刷得更加虛偽罷了。

我認識一個女子就是這樣滿心受創地回到國內來的。跟她維持了六年關係的，居然是一位宣示獨身的男性神職人員，六年來這位男人不斷表示非常深愛著這女人，可是因為自己的使命不能夠還俗，希望她也能夠拋卻世俗想法來跟他體驗這份真愛的關係。但六年過去，女子最後還是忍受不住而離開了這段地下關係，結果分手才半年，卻晴天霹靂地聽到對方為另一個女人立刻還俗結婚去了！

你會覺得很不可思議嗎？其實有的人為了世間的挫折想去出家，等真的出了家才發現，道場裡面同樣是一個社會，同樣暗藏著人性的黑暗面，只不過大家現在都改用宗教術語包裝而已。

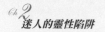

所以有一句話叫做「口號治國」，意思是，領導人出來講再多美麗的言詞，並不能真正將國家治理好。同樣的道理，在靈修的領域中也充滿了美麗的概念和說法，但如果這些只是變成讓自己感覺良好的安慰劑，我們那個「沒有把功課真正做好」的部分反而會被偽裝起來看不到了。

譬如說，我常常聽到人們去接觸一種法門或療法時，他們予以肯定的理由是：「感覺很好耶！做了那個之後，我的心變得很平靜、很喜悅。」他們傾向於投入能夠立即給予自己美好感受的東西，如果這些東西能加上一些功效上的說服力的話，那麼自己就會更樂於去實行。可是由於這些東西不會引導人去反省真實的自己，它們美好的感覺就變成一種化妝品，於是，很多人變成了會用靈性語彙說話，卻跟自己內在情緒和真實動機間有著很大落差的狀況。

在黑暗裡點燈？還是走出黑暗？

《零極限》所宣廣的使用「四句話」的方式，就很容易帶來這樣的狀況。「自我」在人世間所製造的衝突、競爭、緊張、傷害、恐懼的惡性循環，如果比喻為一間黑暗的屋子，那麼《零極限》的做法就等於是在這個黑暗恐怖的屋子裡面點上幾盞微弱的小燈，一盞叫做「我愛你」、一盞叫做「對不起」、一盞叫做「請原諒我」……這些小燈沒有「指引方向、讓人真的走出這間黑暗屋子」的作用，卻能夠讓人待在屋子裡的時候，暫時感到暖暖的、感覺自己有在做些什麼，結果它耽誤了你離開這間屋子的時間。

你覺得沒有那麼嚴重嗎？其實此類「清理錯誤記憶以求淨化自己」的概念，在我們的社會早已行之有年了。而這種看似光明的概念，實際上造成人們如何為自我的黑暗面而服務呢？我們來社會上看看吧：

很多達官貴人平常「富貴險中求」的時候，其實也做了一些昧著良心的事，然而他們卻「懂得」要捐錢給寺廟、給慈善團體，甚至會去參加莊嚴的法會、供養國外來的活佛來消業障（這就是「在黑暗裡面點燈」），他們用這些「消業障」的捐獻或儀式為自己求得些許心安。當然，他們的內心不是沒有良知的，然而當自己知道，如果沒有辦法狠下心去做事的話，就無法達到想要的位置，這個「狠」使他必須繼續待在黑暗裡面，而良知便只好用「點燈」（消業障）的方式去平衡一下了。

所以，他們繼續把只有四％的果汁，標示成二十％；繼續把不能添加的東西，繼續添加；繼續把明明可以用十年的東西，「改進」成只能用兩年。

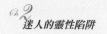

如果不要待在黑暗裡點燈，直接走入光明的話……譬如企業家，其實他們不用捐錢，只要不要把明明可以用十年的東西，做成只能用兩年，不就是真正的對大家在捐錢？對地球，就是真正在做環保嗎？當你這麼做，讓大家受益了，也會影響很多人去回饋、跟進，就會改善社會的風氣，這效益比捐錢不知大多少倍。這樣做才是真真實實的「我愛你、對不起、請原諒我，謝謝你」，不是嗎？

現在，大企業明明故意在生產生命週期愈來愈短的產品，造成地球資源龐大的浪費，然後撥出少許經費來製造綠色企業形象，成立慈善基金會；它們辦各種活動來對地球、對消費者說著「我愛你」，不知你覺得如何呢？

同樣的，當《零極限》把「四句話」轉變為替自己而清理的「咒語」的時候，我們的內心可能比從前平和，但我們內心的各種期待並沒有真的改變，對於什麼是好、什麼是壞，什麼是我要的、什麼是我不要的，什麼是成功、什麼是失敗……這些設定並沒有改變。我們只是改用這個方法在繼續期待著心想事成而已。所以，到底什麼是「愛」、什麼是「原諒」、什麼是「感謝」、什麼是「抱歉」，真的清楚了嗎？真的去做了嗎？

我有一個學生是個催眠師，她有一次說了我印象深刻的一番話：「在這個美麗的靈修圈裡，很多人講話，還不如我在外面隨便碰到的一個朋友誠實。」

的確，在黑暗中點燈，卻不願真的走出黑暗的人很多，而讓人們繼續待在黑暗中自我感覺良好的東西也很多，所以我們的重點不在於對任何一個單一法門的針砭，只是藉由《零極限》這個例子來提醒讀者，願意在實際生活中面對自己的不美好，我們的世界才會真正因為我們的反省而更美好。同時，如果你真的想回歸一體神性的開悟與合一，依靠的絕不是任何為自己而為的「修行」或「清理」，而是在我們書中後半段將闡釋的：開啟發自內心的奉獻之路！

11 救贖不會開始於對當下的否定

除了「零極限」和「祕密」，還有許多靈修方式、療法也被過度神話、誇張療效，逾越了它們在心靈成長路上本該扮演的定位。更不用說有一些根本就是設計來斂財，加深自我依賴，而使人愈來愈不清楚的靈性陷阱；它們都隱瞞了人們為什麼會來到地球的真正原因，只試圖帶給人們一些良好的感覺與希望，讓人們持續地依賴、消費，在其中浪費光陰，這樣的東西真的太多了。

你說，那到底該如何鑑別真正有益於完成地球功課的心靈法門呢？

其實只有一個準則：能直接導致你消融「自我」，或間接輔助你消融「自我」的，才是真正有益的心靈法門。

為何以「消融」來形容？因為「自我」並不是一個具有實體的東西，需要去消滅它，它只是意識緊縮所形成的一種不永恆的現象。就像當有人捏著一個眼睛看月亮時，看到了天上月亮變成了兩個，這多出來的月亮幻影若比喻為「自我」，那麼要讓這個幻影消失，只需要放開捏著的手就行了。而說到底，當你放開捏著的手時，並不是真的有一個月亮消失了，只是你恢復了正確的視力——那兒本來就沒有第二個月亮。

這個比喻來自佛教《楞嚴經》，所以消融自我的另一個說法就是：恢復你正確的覺察力。

幾乎所有的心靈老師都會告訴你，所謂心靈成長就是要「變得更覺察」，而這其實就是打開意識的緊縮狀態，也就是讓「意識擴展」的意思；你的覺察範圍如果擴大了，原先那個相對緊縮而產生的自我蒙蔽，自然就會消失。所以「讓意識提升」這種形容其實比較不真確，那是為了配合人類習慣於追求成就而用的語彙。其實靈性成長較正確的描述，就是「一個你的覺知變得更寬闊的旅程」。

所以，只要是能夠直接或間接的幫助你「擴大覺察」的，就是有益的靈修法門。而有益的靈修法門可以分成兩類：

1.「正行」，指的是直接幫助你擴大覺察的法門。

2.「助行」，就是能夠輔助「正行」順利進行的法門。

「正行」的功能既然是在發展覺察，那麼凡是屬於「正行」的法門，都具備一個條件：絕對不會以「否定當下」為動機。它們的著眼點只會在幫助我們擴大對自己的覺察、擴大對人生的覺察、擴大對當下的覺察……「正行」的法門不會引導你實現一個外在的願望，期盼外在力量的救贖，或主張你必須完成某個外在的使命。

「助行」則是輔助人暫時平衡情緒、放鬆心靈，以便有能量進行思考和覺察的做法。譬如靜坐、接近自然、各種冥想，或利用礦石、儀式等等。

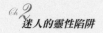

12 助行不能取代正行

由於「正行」才是真正幫助你擴大覺察的行為，如果做了許多助行，卻沒有從事正行，那麼這些助行不但無效，反而變成一種對覺醒的耽誤。

譬如有一個人的人際關係不好，他覺得是因為自己個性比較尖銳，於是他聽了某某老師的建議，買了一些花放在房間，或是多穿一些顏色柔和的衣服，甚至在床頭上放置某些水晶陣。但是，這些都是「助行」，它們能夠輔助柔和這個人的心境，就像給照片加上一點柔焦，讓人看起來比較舒服，可是卻無法讓黑的變成白的。

也許因為這個人變得柔和了一些，讓人際關係的對立面減緩了一點，所以情緒起伏也不那麼大了。但這只是暫時得到機會休息，而非真正解決問題。那麼怎樣才算是真正解決這個問題的「正行」呢？也就是開始去探討自己的個性為什麼會尖銳？願意客觀地對自己的個性之來由進行觀察，最後當覺察了自己個性尖銳的整個結構（因與果），自然就會產生智慧，而讓個性改變了，人際關係的問題才會真正得到解決。

又譬如有人得了憂鬱症，於是購買了各種天珠、水晶、能量水、唸佛機、大師加持過的照片等等……但這些都只能暫時緩和他不安的心，而且有些之所以有效果，也是因為他暫時願意相信而已。但如果沒有從事「正行」，一定會發現，每一種東西剛開始都有用，可是到後來就沒用了。為什麼會這樣呢？因為沒有對自己問題成因的覺察，就不會有根本的改變，就是所謂治標不治本。包括統稱 New age 的各種療法與能量連結儀式、器物，它們在ＤＭ上羅列出的效益幾乎包山包海，並充滿了依靠高次元力量加持或療癒的說法，讓許多人以為，只要把自己像汽車美容一樣送進機器裡刷洗一番，就會乾淨的出來。「靈性百貨公司」最歡迎像這樣喜歡追求快速又容易依賴的人了，而你既然實際上根治不了，**就會來不斷選購。**

其實，這些東西如果只是當作助行，它們或許是有階段性的用處的。然而一個有在擴大覺察、確確實實在成長的人，對這些器物與儀式的依賴一定會愈來愈少。因為當你的意識逐漸開闊，你的清楚就會逐漸升級，自己就會有能量，而不必外求。

ch 3 完成地球功課的正確道路

「實現自己的願望」和「求取內心的平靜」一直是人的兩大訴求，然而當它是由「為自己」而出發時，它們都無法讓人「清楚」，讓人脫離輪迴的痛苦，整個人類歷史其實也就是在探討這個主題。

資本主義認為，透過繁榮物質世界可以造福所有的人，它藉助的驅動力是「自利」；結果物質確實是快速繁榮了，卻造成了道德良知淪喪，人們為利潤服務，而不再以人為本來思考。這樣的發展，結果導致世界充滿腐敗、濫用、欺騙與痛苦。

共產主義看到了「自利」並不是一個好的出發點，於是它苦口婆心地論述，並且意圖透過截然不同的制度去壓抑這個「自我」。然而，實驗的結果，人們喪失努力的動力，物質沒有繁榮，社會的腐敗、欺騙與痛苦卻依舊。

於是我們清楚看到，為自我而效力，或是反過來壓抑自我的做法，都無法脫離人類苦難的輪迴，也不可能創造一個新世界。

那怎麼辦呢？**你如何可以活在當下，卻又同時樂意進步？你如何能夠豐盛，卻又同時無私？你如何能夠享有，卻又同時不需競爭？**

其實，這個答案早已存在，因為那樣的世界也早已存在了，這就是本書要帶來的最重要訊息。

那個能夠回答上述問題的世界叫做「五次元的世界」，也叫做「愛的世界」，裡面所有的人都已經達到五次元意識。而開啟這個五次元意識，就是人類能夠脫離這個自我焦慮的意識監獄，結束地球功課的正確道路。

01 什麼是「五次元的世界」？

那麼，五次元是一種怎樣的世界？為什麼可以提供上述問題的答案？

這也要從一則動畫影片談起。建議你在合上書本之後，上網去看一下這則據說在國際間得了一百零二個獎項的動畫，它同樣只有六分鐘長。動畫的名稱是：「El Empleo/ The Employment Opusbou」，在 Youtube 上可以找到，中文名可以翻譯為《雇工人生》。

畫面從一個指著七點十五分的鬧鐘開始，鬧鈴響了，是我們最熟悉的電子「滴滴」聲；然後，一隻手伸過來按掉了鬧鈴，又緩慢地收回去。畫面還停留在鬧鐘上，不過已經聽到旁邊悉悉莎莎的被褥翻動聲。

主角是一個長相普通的男人，剛從床上爬起，睡眼惺忪地坐在床邊。他無意識地小小嘆了口氣，然後揉揉眼睛，起身來，向前方的立燈走去。這立燈看起來有一點詭異，因為似乎是一個打領帶、穿西裝的上班族，把燈罩蓋在頭上形成的。主角一拉立燈的開關鍊，整個昏暗的房間才亮了起來。的確，立燈的燈罩是另一個站立著的男人頂著的。當你還在狐疑的時候，主角已經走到浴室去刮鬍子了，而他面對的鏡子，也露出了兩隻捧著鏡框的手，但鏡子同樣擋住了在後面支撐鏡子的人的臉，不過對於主角來說，這些事好像是稀鬆平常、一直如此的。

不久，主角煮的咖啡好了，他從廚房端著咖啡杯出來，走到一張椅子前坐下來喝咖啡。椅子居然是一個趴在地上的男人做的，而主角就坐在他的背上。餐桌也是一男一女的兩個成年人趴在地上構成的，他們背上鋪著桌巾，還放著花瓶。主角依然面無表情地喝了咖啡、吃了小餅乾，然後用完他簡單的早餐。起身之後，他整理了一下領帶，確定自己打理好了穿著，然後走到門邊。門邊的衣架是一個穿著套裝的女人所扮演，她的雙手吊著公事包和大衣，褲子口袋掛著雨傘，嘴裡還刁著一串鑰匙，主角從女人手上取下了公事包和大衣，最後拔下那串鑰匙，然後就出門了。

場景來到了大街上，主角跟幾個人一起在計程車招呼站前排隊，不久以後，主角攔到了一輛計程車，畫面中，卻是主角騎在另一位男子肩上，由男子背著主角在馬路上奔跑著。紅綠燈到了，就看到兩個穿著風衣的男人高高並排掛在燈桿上，其中一個男人正用雙手拉開風衣，露出紅色的襯衫；幾秒鐘後，他把風衣合上，而換另一個男子把風衣打開，露出了綠色的襯衫。然後就看底下好多背著乘客的人，開始奔跑穿越路口。

主角終於來到了一棟大樓的門口，大門卻是四個男人並排；主角走過去，四個男人就從中間分成對半，如同自動門那樣打開讓主角進去。主角進入了大樓裡時，電梯正好快要關上了，他一個快步走進去，接著電梯開始上升，主角也隨著電梯升上了去，但畫面仍停留在一樓的電梯牆面。這時候你會注意到電梯旁有一個像天井那樣的空間，一會兒，就看到一個超級大胖子被吊掛著，隨著電梯的上升，同步沿著天井垂降了來，原來電梯是利用大胖子的重量上下的。

終於到了主角要去的樓層，這應該就是他即將要上班的樓層吧。而經過了這麼多人的服務，你不禁猜想：他究竟是什麼樣的職位？主角依然沒有表情地走入了衣帽間，轉動鑰匙打開了屬於他的鐵櫃，鐵櫃門一開，也看見一個女人吊在鐵門上，雙手呈現勾狀，主角將帽子掛在女人的其中一隻手，然後將脫下的風衣直接往女人臉上一披，就關上了鐵櫃門。

主角在走道上一步一步前進到一扇門前，然後站定，他稍微慎重地再次調整了一下領帶結；接著，他在那扇門前緩緩的朝地上趴了下去，整個人背朝上地躺在地面上，雙手也整齊收攏在大腿兩側。似乎，他已就定位了。一會兒，有個腳步走過來，踏上了主角的背，那個人從口袋掏出鑰匙來開門，同時將鞋子在主角的潔白襯衫上擦了兩下，然後就開門進去了。

最後是一個拉開的鏡頭，呈現辦公室走廊上躺著當地墊的主角，以及那扇門，而空氣中只迴盪著空調口發出的氣流聲。

整個畫面用色灰暗，而主角也從頭到尾沒有任何表情。在這部影片底下有非常多人發表評論：許多人表示感覺到一種巨大的沉悶、悲哀；也有人說這部片子深刻地刻畫出現代人的渺小感；還有人說他看到了資本主義讓每個人就像一個工具，冷漠疏離地被互相利用著……

只有一個觀看者的心得很令人意外，他說：看完了之後，不是該覺得很感謝嗎？原來有這麼多人在服務著我們！

同一個故事，不同的次元

這個人是M。過了月餘之後的某一天，高靈對我傳遞五次元的訊息，讓我痛哭流涕之後，我第一個想到的果真就是這部短片。

這部影片是一個非常奇妙而真確的例子，同時呈現著三次元與五次元。在原來的影片中，主角呈現的是一種日復一日、缺乏生氣和意義感的生活，而畫面中的所有人看起來也都是如此，這的確是我們現在的這個三次元世界的寫照。然而，我們想像一下，如果把整部短片的所有角色，都畫上了開心的微笑呢？那麼完全不必改動任何一個情節，你會驚奇的發現：同一個故事裡，他們感到無比快樂的理由同樣明顯！

現在讓我敘述這個微笑的版本：當主角早上起床時，他看到，有人已經打好領帶，付出他的辛勞，扮演著一盞立燈為他照明，甚至在他還沒醒來之前就已經在準備著了。當他刮鬍子的時候，總有人平穩又適切地拿著鏡子，讓自己順利地整理儀容。更不用說居然動用了三個人貢獻成為椅子和桌子，讓自己能夠安穩地品嚐一頓早餐。坐車的時候、通過紅綠燈的時候、坐電梯的時候……每個時候，他都看到別人正在為他付出著、服務著、貢獻著，有的人用他的跑步、有的人用他的風衣、有的人用他的雙手，甚至有的人用他的體重……為的就是提供主角生活一天之所需。而在裡面扮演著立燈的人、扮演著鏡子的人、扮演著桌子椅子的人，每個人也都看到所有其他人的付出，也都因為其他人的付出而能好好的生活著。於是，他們彼此微笑著、祝福著、關心著。最後，主角終於到了他可以貢獻的地方了，他也很用心地讓自己扮演一塊「可以讓雙腳保持乾淨的地墊」。

這就是五次元的意識！

一切由感謝開始

每一件事都沒有改變，新故事只比舊故事多了一個內在的覺醒，那就是：能看到別人的付出。

當你真的能看到有這麼多的別人正在為我服務，你就真的會有由衷的幸福與感謝；而因為有由衷的幸福與感謝，你也會樂意去奉獻。這個邏輯，就是五次元世界的邏輯。

工作原來是因為別人的需要而有的，與貴賤本來無關。當每一個人都能看到一個事實：當下我做的只是一點點，卻得到全體給我的那麼多。於是，心中自然會充滿感謝！在感謝的狀態，就會真正的反省：那麼我該怎麼做呢？喔！我也很願意奉獻出我的這一點點。

在五次元的世界裡，為什麼沒有人需要自私呢？很簡單，因為你清楚所有人都在照顧你，所以你根本不會缺什麼，也根本不用擔心什麼。你只會覺得，我怎麼那麼那麼幸福呢？這份全體的愛怎麼這樣大呢？於是你也會滿心歡喜地加入這個奉獻自己的行列了。

記得那個天堂與地獄的故事嗎？據說天堂和地獄，其實長得一模一樣，都是吃飯的時候，人們必須拿著超長的筷子。在地獄裡，每個人都想夾菜給自己吃，可是筷子太長，不好使，菜還拿不到自己嘴邊，就先被人家一口咬去了，所以大家都在那裡互相搶、互相咬、互相閃避，每次吃飯時都既緊張又恐懼，苦不堪言。可是在天堂裡，既然筷子太長，人們就決定彼此餵著別人吃，於是大家每餐都吃得很滿足、很感謝、很快樂。

在五次元，每個人都同時中樂透

五次元世界的邏輯就是：每個人只要奉獻自己一點點的力量，可是得到的是所有人對你奉獻的總和，而且每一個人的體驗都同等如此，這就是「五次元世界」的美妙！當每個人都是用愛在照顧所有的事情時，每個人就會實際的體驗到：你只是奉獻一點點，可是你收到的太多太多了。當你感受到這樣美妙的循環的時候，就會清楚明白：「自私」真的是太不需要的東西了。那麼你就會痛哭流涕說，你居然能夠生活在這麼美好的世界之中！這跟「中樂透」是一樣的。你只付出一點點，卻得到龐大的財富！在五次元，每個人都是同時中樂透、每個人都是非常富有的。

然而實際的五次元世界，比上述更美好。因為在五次元的意識層級中，人們不止覺察到這種社會性的大愛，並且還覺察到宇宙性的大愛。也就是在五次元世界的人都打開了這樣的視野：**每一個當下，自己都被整體宇宙（包括過去、現在、未來）頃全力的奉獻著，而自己也是這個整體的一部分，已經無法區分。**也就是說，雖然我們的語言總是有「自我」這個說法，但五次元世界的人們都明白這是一個整體；也就是說，五次元的人類意識是回到合一的。

請你不要簡單地小看了上述的幾句話，認為這些只是一些你早已讀過的靈性概念。

在二〇一二年三月七日那天晚上，我在一個自己完全沒料想到的狀況下，真的開啟了五次元意識，進入了五次元的世界。雖然只是短暫時間的開啟，但離開後，我這一生頭一遭如此地痛哭流涕！我完全被如此巨大的愛的世界給震撼了！我才知道，我這個自以為渺小的人，居然是被這麼龐大無私的愛奉獻著！一直如此！就算是現在，我也沒有辦法用語言去形容那種極致地奉獻的世界，有多麼多麼地令人動容！而當時剛經歷完這體驗的我，哭著清楚自己的人生唯有加入這奉獻的行列，不可能再有其他選擇。

在經歷了五次元世界後，我更清楚明白「自我」是無法結束自己無止盡的輪迴的，除非能夠開啟對於「這麼巨大的一份愛」的覺知。要靠「以自我關切為出發點」的任何「清理」的想法去為自己做任何事，或是想透過「實現任何的願望」來掃除自我的痛苦，全部是不可能的！

人只有知道，自己就在這個當下是被多麼大的整體奉獻著，你的自我才能真正解散它自己。而已經這樣清楚的人，他們已經完成了地球功課，他們就是已經進入了五次元世界的那些人！

然而，要怎樣開啟這樣的覺知呢？這太困難了！當我從五次元的世界回來之後，在痛哭流涕之餘，我的內心確實是這樣想的，可是這又跟我內在滿滿的感動衝突，因為我想去傳遞！

然而，高靈們很清楚我的狀態，因為這一切早就在祂們的籌畫之中，祂們先安排了我體驗如此震撼的經驗之後，再透過M，告訴我那條啟動五次元意識的道路。這本書就是這樣誕生的，而詳細的故事會放在書本的最後。

02 進入五次元世界，無須等待時代改變

現在，我認為最重要的事，是先把這條啟動五次元意識的道路——高靈們稱之為「啟動五次元意識的鑰匙」傳遞出來。可是首先，有需要先談一下有關二〇一二年之後的文明蛻變的議題。

雖然許多訊息告訴我們，地球正處於邁向第五次元的機會之點，一個前所未有的黃金年代正在前方迎接著我們；可是對於未來的事，相信許多人仍然有諸多疑問，譬如：究竟會是多久？而所有人都能夠體驗到黃金年代的到來嗎？會不會還是有許多人將留在三次元的覺知維度呢？而且只要等待時間到來，我們什麼也不需做嗎？也許，預言的存在本身也是一種推動、一種創造，而我們現在所寫的這本書也是嗎？

然而，這些外在的問題其實並不重要，甚至就五次元的人來看，是錯誤的。因為**我們無須等待任何外在的時代來給予自己機會去開啟第五次元。我們自己現在，就能夠活在五次元**。而當你完全開啟了自己的五次元意識，你也就完成了三次元的地球功課了。

我們必須瞭解一個重點：五次元的世界已經存在了。所謂的「進入」五次元，需要的

只是你意識的開啟，並不是「要等有多少數量的人覺悟以後，你才能享有一個五次元的世界」，並不是的。

真相是：地球並沒有「現在」正在哪一個次元，那是相對於我們自己的。而這也是「空性」的基本道理。

正確認識次元轉換

雖然底下的故事我在《二〇一二重生預言》一書中曾經說過，但我個人認為，這確實是用來正確理解次元轉換最好的說明：

《維摩詰經》在〈佛國品第一〉中提到，佛陀在「毘耶離城」講道，城裡有個長老的兒子叫寶積，也來聽學佛法。這位寶積先生很恭敬地向佛陀請教：「我們都發願要明白宇宙間無上的真理，也希望自己能親身體驗佛陀所說的清淨莊嚴國度，請佛陀為我們開示，該如何的做呢？」

佛陀當時有許多開示，有興趣的人請查閱原經典。重點是，佛陀最後說了一句非常重要的話：「是故寶積，若菩薩欲得淨土當淨其心，隨其心淨則佛土淨。」

簡而言之：當你的心沒有雜染、執著時，你就能體驗佛國世界了。

這時候，身為佛陀十大弟子之一的舍利弗在心中疑問著：「如果說內心清淨就可以體驗佛國淨土，那佛陀為什麼還跟我們一樣，住在這灰撲撲的娑婆世界裡呢？不像別的世界的佛，都住在自己莊嚴輝煌的美麗寶殿中，難道佛陀心中還不清淨嗎？」

佛陀聽得到舍利弗的內心嘀咕，就立刻反問舍利弗：「盲眼的人看不見日月，是日月的錯嗎？」

舍利弗說：「當然不是。」

「所以，眾生看不見我的淨土，可不是我的問題。」佛陀回答。

這時候，從他方世界來參加演講會的一位「寶髻天王」就對舍利弗說：「我可以作證，我看到釋迦牟尼佛的淨土，就像自在天的天宮一樣美！」就在當下，佛陀就用神足通，伸出腳指碰觸土地，突然間，整個地球、包括宇宙，都變成了用數不盡的寶物裝飾的華美世界，而在場每個人也變成坐在蓮華寶座上，大家驚嘆不已。

接著，佛陀問舍利弗：「你看到了嗎？」

舍利弗說：「我看到了。」

佛陀說：「如果有一天，當你們的心能清淨不再執著，就永遠能體驗到這樣的佛國淨土了。」

說完，佛陀把腳一收，四周又回復到原本充滿荊棘、砂石、灰撲撲的丘陵景觀。

次元轉換如同夢醒

想像有一個人平安地躺在房間做著惡夢。惡夢中正上演的情節，對於那個作夢的人而言像是唯一的真實，但是對於在房間內醒著的其他人而言，則是虛構的。現在，若有辦法進入這人的惡夢中去告訴他，只要他覺醒，就會發現自己原來是在一個安全的房間內平安無事地躺著，那麼這個人將很難相信。

在房間內覺醒的人可以知道睡著的人正做著惡夢，但做著惡夢的人則無法覺知到房間裡真正的自己和其他人。這個才是所謂「高次元」與「低次元」之間的關係。在《維摩詰經》中記載的這個故事裡，佛陀說自己確實活在淨土中，這時候寶髻天王跑出來作證，說他當下看到的也確實如此。那麼如果是這樣，反過來說，舍利弗等人看到的世界又是什麼呢？不就等於也是他們自己意識的層次反映出來的國度嗎？而其中的差別是：佛陀和寶髻天王都能知道舍利弗等人的情境，但舍利弗等人卻看不到佛陀的情境。

所以所謂的「進入五次元的世界」，只是一種方便的說法，因為人類的語言是建立在身體經驗上的；可是五次元的世界現在就在你閱讀的這個當下，需要的只是你能「覺」得出來。所以高靈所傳遞的這把鑰匙，是用來覺醒我們的五次元意識的；拿到這把鑰匙之後，就要用它去開啟我們的意識覺醒。這開啟會是漸進式的，需要時間，然而並不是次元轉換需要時間，而是我們的覺醒是逐漸清楚的。

現在，要傳遞這個完成地球功課的正確道路給你了！再度回顧一下我們之前所問的問題：你如何可以活在當下，卻又同時樂意進步？你如何能夠豐盛，卻又同時無我？你如何能夠享有，卻又同時不需競爭？

03 開啟五次元意識的鑰匙

就是這把鑰匙，或說這條道路，能夠回答上述問題。這把鑰匙會逐漸開啟你當下的意識，直到你到達五次元的境界。

為什麼？原理是什麼？最簡單的解釋就是：因為五次元是「無條件的愛」的世界，一切關係的連結都是以無條件的愛為原因，所以如果要契入這樣的世界，只有讓自己成為這份愛，才能連得進去。

然而，對於擁有「自我」的我們而言，「無條件的愛」不但很難產生，就算產生了也很難維持。可是，這把鑰匙卻提供了一條可行的路徑：

感謝＋反省＝奉獻

先覺察到值得感謝的事物，因而產生出由衷的感謝。

↓

再從由衷的感謝，去反省到貢獻這事物給我們的眾多因緣條件。

於是我們將清楚覺察到我們收到的遠比給出去的多。

↓

因此自然會產生樂意奉獻的真心行動，而這便是無條件的愛！

↓

奉獻的行動又會開啟更多的視野，讓你覺察到更多值得感謝的事物，因而得到更多的盈滿和喜悅，導致更深刻有愛的反省，於是又觸發更多的奉獻……形成了一個愛的能量循環。

↓

最終打開對一體神性的覺知，即進入五次元世界。

當我們感謝時，我們的自我開始放鬆；當我們反省時，我們的視野開始清晰；當我們奉獻時，我們已經是無條件的愛本身。這可以說是一條啟動意識覺醒、消融自我最便捷的喜悅之道了！實際的實踐經驗是：當我們在生活中愈常運用這把鑰匙去開啟自己，人的心就會不知不覺地離開原先陰鬱的軌道，迎向更開闊光明的心境，而各種內在療癒與清楚都會陸陸續續自然發生，如同春天來了，草木自然生長。

「奉獻」是當前人類最需要的內在力量

從前，我不是很清楚自己為什麼無論經歷什麼都會一一化為智慧？但是對於擁有這種人生總是滿心感激！有人說是因為我比較願意去覺察，可是，以前的我也很固執，也有很多我不想去覺察的部分，然而為什麼一路上總是充滿指引和啟示呢？為什麼上天這麼幫助我、不讓我走偏呢？現在我才知道，原來真正的關鍵因素是我的內在具有奉獻的特質。

每當我幸福的時候，我會很由衷的想：如果所有人都能這麼幸福多好。每當我受苦的時候，明明自己已經自身難保，可是還是在想：如果別人也受著我現在這樣的苦，那他們怎麼辦？所以，我不能自憐，我一定要找到答案。而如果我做的事讓我覺得，會使別人更不容易清醒，我會做不下去，所以也曾經因為這樣，放棄了許多可能飛黃騰達的機會。

這種心情其實就是「奉獻」，但甚至是到這幾年我才發現，自己原來是有這種反應模式的。然而高靈說，這就是我和M為什麼能夠走向覺醒最關鍵的原因。

高靈說：「奉獻」的人，會自然而然不斷往上提升。當有一天，時機成熟了，你的意識就會整個打開視野，而與**一直存在當下**的五次元世界會面。你會充分意識到，原來自己是多麼尊貴，因為我們在每一個當下都被「一體神性」完美地服務著。從那個時候起，你會做的事只有滿心歡喜地去奉獻，自私完全是不需要的，渺小感更不可能，因為這合一的福份太大了。

也許那時候，別人看到你，認為你還跟他們一樣居住在充滿危險與競爭的世界（那是用「自我」去看的），然而其實你已經生活在五次元了，這時你就能夠完全瞭解《維摩詰經》的那個故事，同時也真正瞭解了所謂的意識覺醒或次元的轉換，是怎麼一回事。

因此，「感謝＋反省＝奉獻」，幾乎是此時此刻，地球上最具有重要性的心靈概念。如果你是一位心靈導師，長期觀察人心問題，更關心整個人類文明的未來，必然會在接下來的闡述中更加深有同感。

接下來我們就要進入日常生活來闡明：那麼，在實際生活中如何應用「感謝＋反省＝奉獻」這把鑰匙，去開啟五次元意識呢？

04「感謝＋反省＝奉獻」的生活學習大綱

首先，在「感謝」、「反省」以及「奉獻」三者之中，其實最關鍵的是學會「感謝」，因為一旦能夠開啟感謝意識，後面的反省和奉獻都變成是自然而然的。所以接下來，針對這把鑰匙，我們要著重在「感謝意識」的開啟上。

我將M傳遞的高靈信息歸納為三個方面的「感謝」學習：

第一，是有關感謝「人」。當我們開始去發現有許多人值得感謝，我們同時會發現，原來自己是被這麼多人照顧著的，這份幸福感必然使我們對這個當下感到更加盈滿、幸福。在這時候若我們透過反省，問自己：「那麼接下來我決定怎麼做呢？」答案必然是：「我也願意把我一點點的能力奉獻出去。」而一旦發現愈來愈多值得感謝的人，我們也愈來愈會懷著喜悅奉獻。

第二，是有關於感謝「善念」。我們的生活周遭充滿著善念，許多事物也都曾被注入了善念，當我們能開始去發現，就會很驚奇：原來「善念」對我的照顧是超越時間空間的！我不但是在當下被無數人照顧著，而且也被無數超越時空的善念服務著。當我們逐漸地意識到這些時，這份幸福感必然更加擴大，而使我們的內在更加盈滿。這時候，若透過反省問自己：「那麼接下來我決定怎麼做呢？」答案必然是：「我再也不會小看自己的一個善念，原來一個善念的貢獻也是非常偉大的，它的效應是永恆、超越時空的。」於是你將放下自己對善行大小的分別，而更樂意在平日生活中行善。

第三，是有關於感謝自己人生的一切際遇。若你願意在人生碰到問題的時候，每次都勇敢地在裡面尋找智慧的禮物，那麼當你找到的時候，必然會由衷地感謝這段際遇，因為透過它，你得回了原先渴望的力量，你會感覺這段際遇當中，無論是好人壞人，都來得太恰當了。

剛開始你感謝的是這段外在的經歷，然而這種經驗愈來愈多的時候，這些經歷彼此的關連性也會愈來愈被你發現。你會很驚奇的開始意識到：自己的人生歷程簡直就像學校早就給你編排好的教學方案，好讓你能夠一階一階地學上去。譬如說：必須先遇到這種人，學會了這種事，然後再遇到那種狀況，明白了另一種事，最後拼在一起，你才會有目前的心境和覺悟，然後你也才有能力駕馭過去的你一直想體驗的某種生活。

於是你開始意識到，在可見的人生背後，一股巨大無比的智慧與愛的力量是確實存在的，這就觸及了「神性世界」了。你感覺到自己不止是在人間被愛著，在宇宙間也是被無以復加的服務著，原來自己竟是這樣地被珍視！若這時你透過反省問自己：「那麼接下來我要怎麼做呢？」你會滿心喜悅、感動地說，我願意成為一個稱職的管道，去傳承這份宇宙間的大愛，對人間奉獻出我所收到的禮物！

從這三個方面去學習感謝，漸漸就會形成開啟五次元意識的正向循環。你的心是如此盈滿、感動，你的行動是如此有愛、奉獻，你已經不知不覺地真正療癒你自己了。這時候的你，既知足常樂、又用心創造；既豐盛幸福，又無私奉獻。而你的地球功課便接近完成，並將不再受輪迴之苦，尊貴的你，歡迎回到五次元！

大綱知道了，接下來，我們便要藉由這三個方面，更具體的以各種生活中的例子，去幫助你直接進入「感謝＋反省＝奉獻」的意識開啟過程。同時，在利用生活實例去做「感謝＋反省＝奉獻」的解說中，你會看到這個方式如何地具有多重的優點：

- **自然而然地去除自我中心。**
- **卻同時增加內在的幸福感。**
- **還帶來對人生各種議題的真正反省。**

並立刻導致利人利己的實際行動。

對我個人而言，這的確是完全切中這個時代所需，極簡易卻又去除各種靈修弊病的法門。能夠用這麼一個簡單的公式，將靈性成長所需的各種元素面面俱到一網打盡，並且無論做到哪個程度，效益就入世或出世都能兩利，實在是令我讚嘆！

ch 4

開啟對「人」的感謝

01 如何運作「感謝＋反省＝奉獻」

我和M都很喜歡京都，到寫這些文字的此刻已經去過十七次了。但是在這麼多美麗的回憶裡面，第一次卻有件特別難以忘懷的經歷。

那正是我倆第一次到京都，也是第一次自助旅行的時候。由於語言不通，一切也都不熟悉，其實我們精神上是緊繃的，每天都很累；可是即使是這樣，最後一天還是犯了大錯。估算錯了時間的我們，在大阪城的參觀結束的時候，赫然發現可能會趕不上到機場check-in的最後時間。那時又不清楚自己的機票究竟是個人票還是團體票？搭不上的話，是否就必須重買機票呢？種種擔心讓我們緊張萬分地拉著笨重的行李，一路往新大阪直衝（因為只知道從那裡可以搭到最快的火車）。

然而，才到大阪梅田，我們就確定自己應該無法在時限前到達機場了。不知所措的我們想，至少得先打電話去詢問票能不能及時更改吧？突然，我看到一家掛著「日本旅遊」招牌的辦公室，判斷應該是旅行社，就拉著M立刻直奔進去。

當時我倆日語能力只到「阿里阿多」和「喔一吸」的階段（應該算是什麼階段也沒

有），所以坐下來面對接待員時，只能用破破的英語稍加解釋，就把機票塞給了眼前這位年輕的女職員。

她看到我們萬分著急的神態，立刻翻開機票（那時還是紙本）一看，然後就意會過來了。接下來她立刻撥電話到機場櫃臺，交談了一陣子，然後用英語告訴我們：這是個人機票，可以更改航班，但是今天已經沒有航班了，最快是明天早上十點三十分的飛機，我們可以嗎？

聽到這個消息，我倆立刻如釋重負，至少不必多花好大一筆錢了！只要在大阪多住一晚就行了。我們如同落難得救的人，開心得猛點頭，這位女職員就繼續與對方交談了一陣子，然後掛上電話，告訴我們ＯＫ了！我倆「阿里阿多」不斷，覺得自己半路殺進來麻煩人家，真是太感謝了。到此我們覺得問題已經解決，起身要離開，然而那位女職員卻說：「等等……那麼今天要住哪裡呢？」我們齊聲說：「沒關係，我們會找到的。」可是這時候，她已經拿起一份資料了：「要不要先看一下呢？」她給我們看所有大阪和新大阪的飯店目錄，並建議我們直接住在新大阪的旅館，明天到機場才比較便利。然後在我的要求下，她幫我圈了幾家離新大阪車站較近的飯店。

考量到價格，我請她幫我先詢問價位上比較便宜的，於是她開始打電話，一直問了三家以後，才終於訂到了房。然後她就把飯店的地址、電話抄給我們，還畫了一個圖，讓我們知道飯店在車站附近的什麼位置。

我們再次感到非常感動，不必在大街上拖著行李到處找旅館，真的就更安心了！沒想到，自己根本不是她的客戶，卻可以得到這樣的服務。於是又連聲地道謝，然後要起身離去。這時候小姐竟又說了：「那麼知道明天該在新大阪站搭幾點的火車嗎？」我們一愣，又坐下了：「不知道。」

於是她開始打了幾個電話，然後低頭寫了半天，我們都很好奇她為什麼要寫那麼多字，因為頂多是火車的一個時間不是嗎？直接告訴我們也行啊。半晌，她終於完成了，把一張小紙遞給我們，我們一看驚訝萬分。

「這是明天你們在機場 check-in 的時間，由於車程需要六十分鐘，你們在新大阪車站最遲要搭這班幾點幾分的火車。那麼從你們住的飯店到大阪車站，剛剛我問了飯店人員，走路跟買車票至少要花二十分鐘的時間，所以你們明天最慢要在早上幾點幾分從飯店離開喔。都寫在這張時間表上，請按照這個，這樣就不會遲到了喔……」最後她給我們一個甜美的微笑。當下我們覺得很不好意思，因為她知道今天我們在時間上犯了錯誤。可是，同時，就像真的遇到天使一樣，不知該如何形容自己的感動與驚訝：她可以不需要的，但竟然為我們做了這麼多！

這時內心升起的，正是由衷的感謝了。

但那時候我只是停留在感謝，並沒有再多想。現在我知道了，如果要讓意識開啟，就要繼續加上「反省」。

怎麼做呢？就是問自己：「這件事給我什麼樣的啟示呢？那麼今後決定要怎麼做呢？」

如果加上這樣的反省的話，我想我必然會這樣想：「原來任何的工作崗位，對於正有需要的人來說，是可以多麼有價值的呀！那麼接受到這位女職員這樣服務過的我，今後決定怎麼做呢？」

「以後我工作的時候，也要對人家這麼用心！」

對，那麼以後就這麼去做，這就是「奉獻」了。

高靈這麼說：

每個人都貢獻給別人物超所值的服務的話，那麼整個世界對每個人將是天堂。

真是太對了，不是嗎？

透過上面這個例子，我們說明了「感謝＋反省＝奉獻」是如何運作的。

02 如何喚起「由衷的感謝」

然而這裡面有一些更深的心得，在這裡可以提出來分享。首先是：要怎麼樣產生由衷的感謝？

有很多人雖然在禮貌上懂得感謝，卻不太容易產生由衷的謝意，要怎麼辦呢？

盡量去體會對方付出時的那份心意，感謝就容易由衷而起。

大家都看過一種人，在跟你借錢的時候說你就是最後一線希望，借到錢的當時也是磕頭如倒蒜、完全是感激涕零的狀態，可是為什麼一到要還錢的時候，就完全變了一個人？很多人會覺得不可思議：難道對方當時的感謝不是真的嗎？

其實應該這樣說：對方當時高興是真的，但感謝是假的。

其實我們不是要罵這種人，因為我們也會這樣。借書的時候誰不會說謝謝呢？可是還書的人有幾個？這其中的問題就出在：當我們得到想要的東西的時候，我們「自我」的那個部分，會把注意力放在自己「拿到」東西或問題「得到解決」的喜悅上，而不是放在給予者付出時的那份心意上。

「自我」就是這樣，總是不斷在擔心著自己的利益和安危——這就是自救模式，所以雖然它在高興，但是關注點還是在自己得到了幫助、得到了拯救。說「謝謝」對自我而言，在當時只是出於社交考量之下的必須反應，因為要說謝謝，以後人家才會再幫我。

而我們內在還有另一個部分，我們可以稱做「一體神性」的那個部分，它是能夠意識到對方「付出」那一刻的心境的。比如說，當別人願意借錢給自己時，它能感受到，在當時對方願意為我們擔憂、不忍我們受苦的那份關懷的心情。所以同樣是說「謝謝」，表面上看起來似乎一樣，可是在心裡的出發點上是那麼的不同。

所以如果要練習產生出真實的、由衷的感謝，我們要學習：在得到別人幫助的時候，把注意力放在「感受對方的那份心意上」，而不是自己得到了什麼。自己得到了多少其實並不是重點，重點是「對方付出的那一刻」的那個存在狀態，那就是愛；你願意去正視這份愛、去感受這份愛，那麼這份愛必然啟動你的覺醒。如果每個人都能這麼做，天下不會再有負心的人！

拉回到剛剛那個我和M在自助旅行時受到幫忙的例子。當我和M把注意力放到了女職員的那邊，我們就會意識到：「她可以不需要的，但竟然為我們做了這麼多！」把意識放在對方的身上，就會自然出現由衷的感謝。請像這樣去練習：

啊！這個人給我倒了一杯水，雖然我還不渴，可是他給我倒水的時候，是怎麼想的呢？是看到了什麼呢？也許他看到我坐在電腦前這麼久都不動，認為我會疏於照顧自己吧？那麼給我倒水的時候的那份心情，是怎樣的呢？

啊！有一個人撿到我掉在地上的皮夾，追上前還給了我。太好了、太感謝了，因為皮夾掉了可麻煩了。讓我去把注意力放在對方身上試試：人潮那麼多，當他發現我掉了皮夾的時候，也曾經替我擔心了一會兒吧？他還要跑過來不顧別人的眼光叫住我，直到讓我停住呢！從他看到皮夾掉下的時候，一直到叫住我的過程，他都在心急著吧？為什麼心會急呢？那是來自什麼出發點呢？

當我們這樣去設想、去還原，那個善行的過程以及在對方心中曾有的愛，我們的心一定會產生出由衷地、滿滿的感謝！

那麼這把開啟第五次元意識的鑰匙，為什麼也是完成地球功課的道路呢？因為透過由衷的感謝，也會帶來智慧上的清楚！

03「由衷的感謝」使人清醒

有句俗諺說：如果想失去一個朋友，就把錢借給他！

為什麼會有這句話呢？其中的道理是什麼呢？照理說，借錢給朋友，朋友不是該對我心存感激嗎？為什麼受惠的人，反而會想要逃避著曾經施恩的人？

首先，當人必須開口向別人借錢的時候，通常總是自己境遇不佳的時期，不得已向別人求援，就彷彿暴露了自己的無能，總覺得臉上無光，所以日後要面對這個借我錢的人，也會覺得困窘。其次，大部分人借了錢都是想還的，可是如果真的還不出錢來，一拖再拖，雙方其實都不好受；所以就算是借錢的人最後終於把錢都還完了，兩人以後似乎也就不太想再往來了。這就是為什麼借錢會使得友誼生變的原因。

可是這也不是必然會發生的，如果借錢的人能夠把焦點放在感覺對方借錢給我時的那份心意上，感覺到對方對自己的一份不忍或照顧之心，以及願意信任我的想法，則雖然自己還處在困境之中，卻會感到一絲欣慰和更多的感念；這時就會清醒過來，看到一些原先看不到的角度了。比方說，自己的內心一直放不下一些面子問題，或一直在怨天尤人，已經好一陣子了，以致於沒有真的盡全力的去好好解決問題。或是說，當自己能夠由衷地感謝這個借錢給我的朋友時，才會反省到，以前自己並沒有對別人這麼好，甚至交的都是一些酒肉朋友，而不懂得珍惜真正值得珍惜的友誼等等。結果因為能夠去體察借錢給我的人的善意，不但會去修正自己過去的缺點，還會覺得對方真的是自己生命中的貴人，日後就會更加珍惜這位朋友。

無論處於何種境遇，你可以試試看：「由衷的感謝」能幫助人看到所有「自我」所看不到或想像不到的角度，而它會使你清醒。

曾經有一個得了絕症的女人，不能接受命運為何待她如此，因而怨天尤人、沮喪不已。那段生病期間，她無心處理家事，每天都拿錢給兩個還在唸小學的孩子，讓他們自己去料理三餐。就這樣過了好幾個月之後，有一天她突然想到，似乎好久沒有聽到孩子的吵鬧聲了。然後她才意識到，兩個孩子早已變得安安靜靜，每天乖乖的自己上下學，完全不會丟三落四，也不再像以往那樣，打鬧哭泣後，來跟自己告狀了。這兩個小孩還那麼小，這幾個月來卻做出了這麼大的改變，約束著自己脫離孩子本該有的一切稚氣行為。她知道這當然只有一個原因，就是為了自己！

當她頭一次感受到孩子們的心情，以及孩子們對她的愛時，她哭了！這一次終於不是因為悲傷，而是因為感動！她突然清楚到：不管無常怎麼打擊她，她都有了振作起來的意義，那就是去為愛而活。

「自我」總是為了自己的面子、為了自己的利益、為了自己的恐懼而活的，當它受到了打擊、遭遇不順利的時候，它就覺得日子難過、甚至了無生趣。可是「感謝」卻會讓你看到生活的意義，以及生命的另一番價值。於是，人將懷著慚愧的清醒，讓自己回歸到愛中。

所以，既然說「由衷的感謝」會使人清醒，那麼換句話說，什麼是一個人覺醒的徵兆呢？絕不是感覺手指有電或是眉心有光……而是：當一個人開始能夠常常湧現出由衷的感謝時。

04 反省，覺察出更多行在人間的智慧

當我們產生了由衷的感謝時，接下來就要運用這把鑰匙的第二個關鍵詞「反省」了。反省些什麼呢？每一個人可能都不一樣，因為每個人的階段、背景不同。但反省意味著去進一步思考：這件事可以帶給我什麼樣的「啟示」以及「決定」呢？

比如說仍然以我和M那次的受助經驗為例，當我們受到那麼周全的幫助之後，如果我們去反省的話，那麼很可能就會促使我們產生以下幾點思考：

1.任何一個工作職位對於正需要的人來說，就是非常非常重要的，所以平常自己在工作崗位上的時候，不應該小看了自己在做的事情。

2.原來並不只是捐錢、作志工這些動作才叫做奉獻！自己在工作的時候，盡量為別人的需求著想，那就是奉獻了。

3.原來「工作」的本質，是為了照顧大家才誕生的分工方式，它被設立的出發點本來是因為愛。

4.當我們全心全意按照這個工作當初被設立的目的，去提供該提供的服務時，那個時候其實就是「無我」了。

譬如一個水泥工接到一份工作，要去把一條人行道的破損修復。假如他一邊做的時候，一邊想著如何偷工減料節省預算，或趕快做完再接下一檔，甚至故意採用特別的施工法讓某些部分很快又需要維修，那麼這就是在工作中「有我」，就把工作的意義扭曲成了「自利」了。如果他按照這份工作的原意，去把人行道破損的部分做得很平整、跟原來的美感能夠銜接、不會積水、不容易破裂、接縫接得密實……等等。他在做每一道手續的時候，只是把心思放在衡量這樣是不是足夠讓行人走在上面很舒適、很安心，那麼這個當下他就是「無我」的、是「奉獻」的。他正在奉獻出他的專業精神，奉獻出他對大家的貼心。

5.現在我們瞭解了，為什麼現在我們這個世界，會變得讓人這麼的不安心？

譬如一個店面銷售員，這份工作本來的目的，是為了透過他對商品的熟悉和知識，幫助顧客買到真正需要的東西，但是現在卻變成專門提供片面資訊，盡量賣給你他想賣出去的東西。於是無論網購、電視購物、店面購物，到處充滿了陷阱，造成很多東西買回來才發現不合適自己，或是發生了「刻意」沒告訴你的副作用。

更不用說一個該為施工安全把關的公務員職位，卻變成一個收賄放水的肥缺；一個該為人民謀求福祉的民意代表，卻變成掌握內線、賺取暴利的投資客；一個該為客戶效力的投資公司，卻成為對你一生的積蓄坑殺剝皮的詐騙專家……原來這些都是因為不懂得感謝，又缺乏反省，才會做出那樣的事。

當我們有了以上五點反省的時候，問問自己，那我們會有什麼決定嗎？我們想著那位幫了我們大忙的女職員，心中很自然就會說：

我們也願意透過我們的工作去照顧別人，那麼這個世界會變得更好！

05「奉獻」並不是犧牲自己的快樂去給予

所以，當我們有了「感謝」、有了「反省」，一定會導致自己行為的修正，而變成以更有愛的方式去行動，這就是奉獻。而我們可以清楚看到，透過感謝而來的奉獻，是喜悅的、是內心盈滿的，它不是犧牲，也不需要特別改變自己的生活軌道。它告訴我們的是，就在我現在的生活，我就可以很開心的為你奉獻！

從這裡你可以看出，「感謝」、「反省」與「奉獻」三者，彼此是可以形成一個很棒的循環的，這不僅是我們一切社會問題的解答，也是每個人能不能重拾生活意義與喜悅的答案。再想想那個六分鐘的動畫短片，同樣的一天，每個人的表情是不是就可以從苦臉轉變為笑臉了呢？

然而，你也許會說，現在的世界充滿了許多讓人無法恭維的人與事，常常很難覺得可以由衷的感謝。

其實並不是這樣的，我們能夠感謝的人真的很多很多，超出想像。

06 擴展你的感謝對象

如果我們直接接受到別人的幫忙，而且對方也是特別針對你，通常我們都會自然地心生感謝，譬如說你在需要傘的時候，陌生的大樓警衛居然找出了一支送給你。如果要我們去回想生活中值得感謝的人，通常會回想起來的就是這一類：譬如說照顧我的父母、對我特別鼓勵的老師、我失意的時候載我去兜風的好朋友、一個撿到我皮夾寄還給我的好心人等等。

但是還有更多情況是你可以擴展你的感謝之情的，這就是那些：你覺得他們幫了你，卻不是特別針對你的人，譬如說餐廳的服務員、郵局的櫃臺人員、旅館的泊車員……等。通常他們為我們服務，我們也會說聲謝謝，然而這聲謝謝多半是出於禮貌、習慣，卻不一定是發自真心，因為我們潛意識覺得，對方並不是在針對我，只是在做他的工作而已，甚至覺得那本來就是他「該」做的。所以如果不是做得特別用心、特別好的話，我們並不會由衷的感謝。

然而若我們換一個角度思考，看看你的感覺是否會不同呢？當你想喝水的時候，你請餐廳服務員來幫你加水，然後你喝到了你需要的水，那個時刻你的身體得到滋潤了，那麼誰真的幫了忙了呢？

當你終於可以喘口氣，坐在旅館大廳的沙發上休息一下時，想一想此刻我可以不用費神去停車，誰正在幫我做這件事呢？

是否特別針對我其實不是很重要，那只不過是頭腦比較的習慣，感謝應該建立在「需求上」而不是建立在「比較上」。對方不需要做得特別好，也不需要跟別家的服務比較，更不需要針對我們有特殊待遇……實際上在這個「我有需求」的當下，確實有某個人幫了我們的忙、替我們服務，若能學習去看到這些角度，很自然地我們會心生感謝。

一日之所需，百工斯為備

我們每天一睜開眼、一踏出家門，這個正在符合我們的預期、如常運轉著的當下，就有多少人正在為我們而服務！譬如說，今天要吃什麼早餐呢？是去速食店吃漢堡？還是去早餐店吃蛋餅？還是去巷口買飯團外帶？為什麼我可以選擇呢？因為他們都已經比我更早上班，有人已經隨時站在櫃臺等候我們前去了。

請注意到一個事實：如果我們能度過平平凡凡的一天，那都是在各行各業無數人的服務下所成就的。很多時候我們無法這樣感覺，是因為我們已經習慣這樣的流程，並認為每個人只是在為錢或為自己工作，這好像意味著要「不為錢工作」才能值得感謝。然而，花朵也需要你每天澆水，為什麼你會感謝花朵的美呢？如果你到荒郊野外迷失了，又餓又渴，有錢也買不到一瓶水，最後徒步了十公里，才看到一家便利商店，你為什麼會由衷歡呼呢？不是也需要花錢才能買到水嗎？為什麼你會感謝？因為，它在你需要的時刻，提供了服務，存在即價值。

存在即值得感謝

「存在」在先，錢才有用。存在卻不是金錢買得到的，因為存在是生命。你可以花錢買花，可是錢並不能「製造花」，花是來自生命；你可以花錢得到服務，但錢並不能「製造出那個提供服務的人」，人來自生命。

如果你有一億，可是已經到了世界末日，街道上只剩你一個人，現在你是全球首富，但這一億有何用？因此，是我們的世界首先存在陽光空氣、首先存在了生命、首先存在了別人、首先存在了站在櫃臺前的人，然後我們的錢才會有用。金錢只不過是一個用來流通，讓每個人都能被照顧的媒介。然而真正讓我能夠度過一個便利的一天、安全的一天，甚至是愉快的一天的，是那些為我服務的人們的「存在」。即使在我們還不需要服務的時候，他也已經為我們先預備在那裡了。

如果我們瞭解這點，那麼對於每一個我們所接觸到的服務提供者，**只因為他們的「在」，你就會心生感謝。**

以前我說不出這個道理，但就直覺地會感到感謝。例如當我去旅行，走進旅館的櫃臺辦理 check-in 的時候，看到櫃臺服務小姐在低頭幫我抄寫資料時，就會有一種莫名的感動和感謝，就是感覺對方是用「生命」來服務我的。一個人從早上刷牙洗臉、先吃早餐、然後化妝、搭電車來到這裡、換上制服、在脖子上綁條絲巾美化自己、用接受過訓練的微笑來跟我說話……這一切都是為了等我到來，為我做這一刻的服務。我的感覺甚至是：她日復一日就站在這裡等我了！

現在我知道這一點都不是誇張的想法，事實上這就是五次元意識的覺醒。

其實，所有人都是用他們的生命、用他們好長的準備來給予我們當下所需的那一刻！

好長的準備，才有這一刻

我和M曾經到國家音樂廳欣賞過一位俄羅斯來的鋼琴夫人的獨奏會，她從四歲就開始苦練鋼琴不輟，當時來到台灣演出已年逾六旬了。她的琴藝高超，有些段落讓我覺得幸福到像耳朵會滴出蜜汁來，我第一次體驗到何謂如癡如醉。聽完之後，我和M都覺得我們實在是太幸福了！因為我們只花了一點點的票價，聽到的卻是一個人用她六十年生命去淬煉出來的演繹能力。這需要多少不為人知的苦練時刻、在多少人生的抉擇裡面堅持下去才能有的開花結果，可是我們只是花個一、兩千塊的票價，就能夠欣賞到，這價值絕對不是金錢能夠計量的。金錢只不過是一種用我們付得起、合宜的方式去回饋對方的媒介罷了。

當你開始有一種「一切都是用生命在為我的這一刻服務著」的覺察時，你的心一定會充滿著溫暖，綻放著滿滿的感動和感謝。而我也要悄悄告訴你，你已經不小心開啟五次元的意識了。

感謝的能力也來自生活經驗

我們去主題樂園遊玩的時候，都會怕人潮擁擠，但是如果你曾經在下大雨的寒流天去過遊樂園的話，你就會發現人潮太少也是不行的，因為整個遊樂園會變得很詭異，比任何地方都淒涼，你會完全得不到渴望感受到的歡樂氣氛。所以你就會明白，原來那些你根本不認識，只是在旁邊玩樂、尖叫、拍照的路人甲跟路人乙們，對於想在遊樂園中感受歡樂氣氛的你而言，其實是不可或缺的，他們是遊樂園很重要的氣氛來源之一。所以當你今天在遊樂園玩得很開心的時候，就會由衷感謝有這麼多人陪你一起在那裡開心，這實在是太棒了！看看相片中你那開心的笑臉，他們其實也出了一份力喔！

當你走在早晨的公園，看到很多人在那裡做毛巾操、跑步、伸展等等，想一想，他們也間接地讓你感染了一份「我要持之以恆地運動」的感覺，不是嗎？回想一下你去大醫院探病的經驗，雖然你不認識一床一床的病患，但是看到那麼多醫療器械，聞到那麼多刺鼻的消毒水味，你在心裡頭也會偷偷地想著：「希望大家早日康復啊！」那麼在早晨的公園看到那些早起又健康的老人家，在那裡為健康而活動時，你就會知道，他們這樣做，也等於照顧了他們下一代的家庭。而身旁這些老人正在照顧著自己的健康，不會面露愁容的來讓你難過，你會意識到，他們照顧好自己，也等於在這個時刻照顧了你。

很多時候，你經歷的愈多，你做的事愈多，你愈知道，沒有什麼事是理所當然的，而你也愈能覺察到別人付出了什麼，或是別人的存在如何給予了我們貢獻。要增進對人感謝的意識，有個小方法：**當你感受到愉悅或需求被滿足到的時候，請養成習慣讓自己靜思片刻，問自己一個問題：「這是因為哪些人的貢獻呢？」你將更容易由近至遠地發現他們。**

07 開啟對「人」的反省

當我們內心由衷的產生感謝之情的時候，隨後一定要加入「反省」這個元素。「反省」在本書的定義是：去思考「這件事給我什麼啟示？所以我決定要怎麼做？」沒有決定的「反省」只能算是口頭說說而已，就像一個人每次都遲到，每一次都跟你說對不起，可是下次還是照樣遲到，那麼這聲「對不起」是沒有意義的。

這裡又可以對照到《零極限》的「對不起、請原諒我」。真正的「清理」是清楚了自己該做什麼改變，然後做決定去調整，所以中間必定要經過「反省」這個程序。如果沒有產生任何的清楚和決定，只是重複著「對不起、請原諒我」這些話語，反而會變成只是讓自我感覺良好的習慣動作。

若在感謝之後加上反省，會自然地誕生出奉獻。比如你去到一個教室上課，坐下來以後先思考：「為什麼會有這個準備好的環境？」當你開始去覺察提供和預備這個教室的種種因緣之後，就自然會產生感謝了。接著如何反省？就問自己：「所以我決定要怎麼做？」你可能就會覺得：「那我要愛惜這個環境，我要在使用的時候盡量保持環境的整潔、保持物品不被損壞，甚至幫忙維護場地等等。」於是你便很樂意的這麼去做，這就是奉獻。

高靈的話：

只要在日常生活這樣去做，你就是真真實實的在開啟五次元的靈性之門。所有的內在療癒和救贖，都會在這樣的持續開啟中陸續發生。

08 開啟對「人」的奉獻

我們這裡強調的「奉獻」，指的不只是捐錢、布施、做公益，說的是：**每個人都有他的角色和職責，以利益別人的原則做好這些事情，這就是奉獻。**

所以「奉獻」換一個說法，也可以說是「照顧」。奉獻不是要去犧牲我們的快樂，而是能夠去感受到，別人因我們受惠、因我們而得到照顧，我們也會感到快樂和充實。所以每個人選擇工作的時候，不要只為了錢去選擇，而是去選擇你真的會有感覺、會喜歡參與的工作，並且能夠在這份工作上瞭解別人的需要是什麼。

譬如說如果你喜歡建築，你想做個建築師，如果你能夠去瞭解，自己所做的東西對使用者來說的必要性和需求在哪裡，你就會有你的堅持，也會感覺到自己這份工作的價值，這就是奉獻。而奉獻並不是不拿酬勞，酬勞是互相約定的，可是約定了之後，我們就是為人在做事，不是為錢在做事，這就是奉獻。

又比如說，我是一個西餐廳的服務生，老闆透過薪水來與我約定，我每天有多少時間在這裡工作。可是當我圍上白圍裙以後，我就不是為錢工作了，我會用我最燦爛的笑容去接待客人，很有耐心地為客人做介紹……這就是奉獻。

工作真正的意義

百分之八十的人都認為工作的目的是為了賺錢，其實工作一開始是為了滿足需求而產生的，會有不同的工作就是因為：這樣才可以彼此照顧生活各個層面的需求。

但現在很多人如果你問他：你為了誰工作？他會說當然為了自己跟家庭。那再問誰給你錢賺？又會說是老闆。其實兩個答案都錯了。工作明明就是為了服務那個當下有所需求的客人，而給我們錢賺的也是那個客人。結果因為他們的答案不是這樣，他賣東西的時候，不去瞭解客人的需要，一心一意的只想把利潤提高，甚至將黑心的東西販賣給顧客。這樣的工作方式不能稱為在工作，而是在騙錢！因為他其實是讓別人損失的。老實說，現在像這樣做著讓別人「損失」而獲利的「工作」的人還真多，這樣當然就不是奉獻了。

當你受到照顧，你也去照顧別人，這就是愛的流動，也就是由感謝產生反省，然後產生了奉獻的行動。

如果每個人都是用照顧別人的心情去工作的話，就沒有人需要透過累積金錢來得到安全感。因為每個人都知道要照顧彼此，不會有一天你老了做不動了，就直接把你裁員，然後不管你的死活。並且，如果每個人都在奉獻的話，也沒有人需要自己去累積什麼了，因為你的「雲端」就在每個人那裡，你所擁有的資源太龐大了。

每個人把資源藏在每個人身上，透過無私互相分享、照顧，這就是最完美的方式。古人有句成語說「藏富於天」，這個「天」指的就是所有的人。你把你需要的資源、安全感藏在每個人的身上，那麼無論你走到哪裡去，每個人都是你的存摺，那麼你幹嘛還要去累積什麼呢？

然而這會成真的基礎就在於：每一個人是真心樂意的去為別人服務的。這不是因為有一種對價關係，這不是一種交換，如果這樣想的話還是因為基於恐懼。只要有恐懼，就會有必須自保的懷疑，那種互惠關係很快的就會瓦解。因此說到這裡我們就可以瞭解，為什麼五次元的意識狀態是由「感謝」開始開啟的？因為活在對生命一切事物的感謝之中，才會去發展出奉獻，那是喜樂的、盈滿的，毫無對價關係的熱情。

靈性上說的「沒有頭腦」，其實就是「沒有對價關係的思考」。在五次元世界的生命，他們是不活在頭腦中的，他們因為充滿了感謝與喜悅而去服務。

以上我們已經談完了「感謝＋反省＝奉獻」的第一個方面：學習感謝「人」的部分。接下來我們要談的是第二個方面的學習：感謝「善念」。

ch 5
開啟對「善念」的感謝

01 善念無處不在

雖然大家都說社會風氣很糟，但實際上我們的生活中有非常非常多的善念。

我騎摩托車的時候，只要碰到紅燈，就會先熄火，等到快要變成綠燈的前一、兩秒，才重新按下電動油門啟動。有一次，我這個動作終於被別的機車騎士發現了，那是一個中年男人，他騎到我的身旁對我說：「啊！這樣不一定會比較省油啦，還是要看紅綠燈的密集度啦……」一聽就知道是有研究過的。然而我笑了起來跟他說：「我這樣做不是為了省油啦！」他很詫異，給了我一個期待說明的表情，我卻突然覺得不好意思起來，但還是回答了：「我熄火是為了想讓停在我後面的人不要吸到太多廢氣，這樣他們可能會舒服一點。」才說完綠燈就亮了，我們趕緊向前離去，所以也無法再交談，我不知道他作何感想。

其實，停紅綠燈的時候，一群摩托車擠在一起排放廢氣，我相信每個騎士都會覺得很難過，其實就我的實際體驗，一按油門大約只需一秒鐘車子就又發動了，並不會延誤自己或別人，雖然比較麻煩一點要用手去轉動一下車鑰匙來熄火，但是如果大家都這麼做（車子發動不良的例外），在十字路口前大家所一起製造的廢氣就會少很多了。雖然不確定這樣想是不是沒有錯誤，但我自己總會想到，當我熄火的那一刻，停在我正後方的那個騎士，可能會覺得舒服一點吧？所以我便很樂意繼續保持這個只是麻煩一點點的習慣。其實，這也不是我自己想到的，是M跟我分享的，無論當下這樣做的效果如何，但這份心意的本質是令我感覺非常美好的，所以我也就效法了。

講自己的例子並不是為了表揚自己，而是想說明：人際之間隱藏起來的善念其實比我們認為的多很多，有很多是我們幾乎看不出來的，除非有那個機緣。

譬如夫妻之間的互相照顧，很多人因為熟知對方脾氣，為了想照顧對方的生活細節，有時腦子會繞了好幾個彎，然後說謊去達成照顧對方的目的，譬如說：

太太：「我肚子餓了，你去給我買餡餅回來好不好？」

先生：「好啊！」

太太：「那你會經過我姐家，她上次說想吃那家的餡餅，你順便幫我買五個拿進去一下。」

先生：「好麻煩喔！」

太太：「就一下嘛，我答應過的，不然等一下你經過的時候，要是人家剛好看到你，不就不好意思了。」

先生：「原來妳是在意人家怎麼看妳啊，做人自在一點嘛。」

太太：「討厭！你還愛我嗎？」

先生：「好啦好啦～真是的。」

其實，這裡面隱藏了一份愛，是這位先生不知道的。這位妻子雖然手頭上的確有事在做，但也不是這時候非吃非買不可，這麼做，其實是因為姊姊不久前對丈夫有微詞，妻子想要改善兩人的關係，才故意設計了讓丈夫送餡餅去的機會。在她的想法裡，兩人至少會笑笑聊聊一番，好吃的餡餅也可以達到取悅姊姊的效果。可是這個目的如果直接告訴丈夫，就會行不通的。所以寧肯讓丈夫認為這是自己的需求。

我敢保證你的親人用這種方式在愛你的頻率絕對比你想像的多很多，而且許多是你一輩子可能也無法察覺的，因為他就是不能讓你知道。他知道有些部分就是必須拐著彎去愛你、照顧你，如果有一天你真的發現了，可能會感動得痛哭流涕。

現在很多人對婚姻沒有信心，可是卻不知道在生活瑣事上，其實彼此都在用自己認為的方式替對方顧慮和著想，而那個顧慮和著想的速度，幾乎就像閃電一樣的快速，有時候連他自己都不一定覺察到自己這個善意的初衷，於是大家總是在表面的態度或事務性的處理上驗收一切。然而若你能看到幕後所隱藏的善念，你們就會更珍惜彼此，很多問題就能夠好好溝通了。

02 好東西都被注入了善念

發現生活中更多「善念」，其實會讓自己心情大好喔！如何去發現更多呢？當你發現好東西的時候，正是最好的時機。譬如當你吃到一盤做得非常好吃的麻婆豆腐，我要請你專注地去感覺正迴旋在你齒頰之間的好滋味，而同時想到同樣的滋味曾經被一位製作它的廚師在他的舌尖上追尋過。確實有那麼一刻，那位廚師用自己的舌頭在感覺：這是好吃的味道嗎？所以才會有好吃的這一道菜。請你去感覺他為著我們的味覺調理著的那一刻。那麼此時，你的內心感覺如何？

或者，我要請你選出一首你最愛的曲子，然後開始去哼唱它的旋律，這麼一首讓你激賞的曲子，當然是一位作曲者曾經用心寫下來的，你能想像當它第一次被創作出來的那個時候嗎？現在，我真的要請你試著去哼唱這個旋律，然後去想像作曲者正拿著筆，同步地跟著你的哼唱，專注地寫下你現在正哼出的旋律……

你感覺到什麼？滿滿的感動、滿滿的感謝！對嗎？

任何好的東西，在被思考、被創作的那一刻，都是在一個對人們「無我奉獻」的狀態。無論那一刻有多短，也無論那一刻之前或之後，那個創作的人在想什麼。

我們常覺得別人工作也只是為了賺錢、討生活，簡單說，只是為了他自己，但這不是全部的事實。即使那個人當時也是這麼想，但是當他想要認真的把工作做好的時候，會有一刻，他會專注在當下的那件事情上。在那個當下，他只是單純想做好那件事，沒有其他的想法，而那就是一個無我奉獻的片刻。如果你能夠還原當時那個為我們服務的片刻，你必然會感動與感謝。

比方，當你看到一面被粉刷得非常漂亮的牆面，你認為當時那個粉刷牆壁的師傅，可能只是為了養家而工作。然而你如果能夠感受到牆面所呈現出來的美感，那麼你必然能夠確定，這片牆面的美感在這位師傅的腦海中是先出現過的，然後他才憑著這個意象去完成這片美麗的牆面。**而當他以腦海中的美感意象為目標的那個當下，那就是一個善念！**如果你能意識到那一刻的存在，你一定會為此而感謝。

03 如何對善念升起「由衷的感謝」

像這樣的善念的片刻，在生活中可以說不計其數的上演。譬如你手上拿著一枝原子筆，如果它真的很好寫的話，你也可以問問自己為什麼？比如說筆尖很好寫、握筆處曲線很符合人體工學、摩擦力也剛剛好，甚至筆殼的顏色染得很美麗……等，而這些顯然都是經過思考後而設計的。於是你可以靜下來，手中握著這枝筆，好好地去想像那確定曾經有過的一刻：有一個人也用自己的手去尋找過這枝筆的最佳曲線。

更甚者，一樣產品從發明至今，通常都是歷經無數次改良，不止出於一人，那也就表示，我們手上的這枝原子筆，更是累積了無數專注在改善它的那些片刻，才能夠呈現出在我們手中現在的面貌。你不只是用推理邏輯去想，更需要去用心體會。譬如說，欣賞著眼前這枝筆讓你最讚賞的部分，握著它，去感覺曾有個人在某個片刻決定了要這麼設計——**去感覺那個決定的片刻**。我相信你的內心會自然升起敬佩的喜悅，這就是由衷的感謝。

所以如何練習對「善念」升起感謝之情呢？**訣竅就是先從你確實感受到的美好事物開始。首先專注的去感受它所帶來的美好的部分，然後就去想像，那個創作者或行動者當時**

決定要這麼做、這麼設計、這麼調配的那一刻！

如果你經常這麼練習，逐漸的你也會有一種奇妙的感覺出現，那就是覺得：創作者所決定的那一刻，好像現在還存在著，因為你似乎真的可以感受到它。

善念是超越時空地存在著

這種狀況被形容為「與古人神交」。譬如在文學作品、古庭園建築中，有些人對於某些詩歌或庭園特別契合、特別欣賞時，會有一種完全能夠體會創作者心境的感受。而於此同時，好像那個創作者也非常的瞭解他，知道他要什麼。他會覺得自己與創作者雖然在不同的時空，卻似乎同時正在看著同樣的庭園、同樣的一首詩。就活在線性時間的頭腦而言，會把這解釋為只是一種共鳴而已；然而事實上，一旦一個人曾經用心去創造出某個東西，你就能透過那個他創造的東西，連結到當初他所注入的精神能量。這不是在物質的領域中連結，而是在精神的領域。對於精神的領域，那個片刻的能量是永恆的，所以在這精神的領域，你們的確遇見了。

這個精神的領域並不會比我們所謂的物質世界虛幻，事實上，那只是不同於物質世界的另一種次元，在那裡，時間是不存在的，只要相契合就能夠互通互連。

所以當你開始能夠感謝善念時，你會開始打開一個很大的福氣，因為你會覺知到你不只是被當前的善念照顧著，你還被過去和未來的無數善念照顧著，沒有所謂「時間的阻隔」，這時候你的心將會更加盈滿，同時也忽然間覺得更加無懼。雖然你解釋不清楚，但你似乎觸及到某種永恆與感動，你似乎意識到了某種愛的傳承。要知道，倘若你放棄自己的自我，加入這個傳承的話，你就會是那個永恆（這便是合一）。

04 所有東西都有善念

當你開始從美好的事物裡面感受到，它們是由前人無數「善念的片刻」所累積而成的時候，接下來我們就可以更進一步地闡述一個事實：所有的東西其實都充滿善念——即使你覺得它不夠好。

譬如一盤難吃的菜、一枝難用的筆、一件不好看的衣服……一般在這時候，我們都會抱怨。可是雖然是難吃的菜，但它仍是食物，仍是能吃的菜；也就是它在這個當下，至少讓你不至飢餓，而這其實是最重要的。此外，這盤菜裡的食材，已經經歷了耕種、培育、採收、運輸、烹調種種的過程，才能來到你面前；而在這些過程中，都有人達成了某種使命，負責地在某些時段扮演了他們承諾的角色。這就是對我們的服務，我們是否能夠感念到此？

一件衣服倘若被設計得很美，我們當然更會感謝設計者的用心；但一件衣服縱使不夠好看，它在那個當下，卻可以提供你保暖或是保護的功能，而這本來就是衣服最重要的目的。其實一件衣服從它剪裁的設計、縫線的技術，甚至包括布匹的織法……都是累積無數前人智慧一再改良而成的，如果你懂得紡織歷史的話，毫無疑問你會知道這裡面藏著太多值得感謝的付出。如果你能夠將時光倒流五百年，作為一個普通老百姓身穿五百年前的衣服的話，你會立刻知道，現在隨便一件夜市賣的風衣就有多麼的先進、多麼的珍貴。

譬如大部分人買運動鞋的時候，花最多的時間是在鏡子前一再試穿，選擇喜歡的外型。然而這正說明了一件事情：現在挑鞋子的時候，你只需要留意合適的款式與尺寸，幾乎不用擔心鞋子舒適度的問題了。然而這並不是每一個時代的人都能享有的！鞋子的演進也是一樣經過無數時代的研究、新科技的採用、材質的更新，才能夠到達今天這些成果，無論任何一雙鞋子你覺得好不好看，光是它的耐穿度、柔軟度、包覆性、透氣性，對古時候的人就簡直是奇蹟，連皇帝都無法擁有！

現在我們輕而易舉的使用手機、電腦、電視、馬桶、衛生紙、鋁門窗、冷氣機、飛機……我們的物質生活事實上連歷代皇帝都比不上！請試著思考這個事實，就算是曾經專門為皇室所研究出來的技術，現在也都是我們在享受的，而只是因為你我生在這個時代，就能白白享有這麼多的便利、這麼大的舒適。如果這不叫富有，什麼才是富有呢？

如果我們懂得在一件事物裡面感受到那些數不清的人們的用心和貢獻，就會清楚，一百元的東西不是靠那張一百元鈔票能夠在此時此地呈現出來的！它的存在所蘊含的愛是無法用金錢計算的，那麼我們就接觸到了一件物品裡面的「神性」！而你就會領略到：一件衣服裡面就有無窮聚積的能量！一件衣服就能帶給你滿滿的幸福。不是說某某衣服是大師加持過的，才很有能量；其實每一件你所接觸的東西都有能量，都有滿滿的愛在其中。

而這就是「時間等於能量」(註)。

註

「時間等於能量」，高靈曾經表示，這是下個時代最重要的概念之一。詳情可參閱《與佛對話》（商周出版，章成著）。

05 開啟對「善念」的反省

當我們開始去發覺，生活中所有的一切是由無數別人對我們奉獻的「片刻」所構成，並能夠去體會和連結那些片刻時，我們的心，自然會充滿著幸福感與感謝。那麼在這時候，如果你問自己：「現在我對於自己生活中、工作中隨時的一個善念的看法如何呢？以後我會決定怎麼做呢？」你會覺悟到，原來你的一個善念一點都不渺小。

我們常說：「只是一個小小的善念。」現在你會清楚這是不正確的說法。任何一個善念都不小，都很偉大。

我有一個朋友一輩子為深度近視所苦。而造成這無可挽回的錯誤的始因，卻是在小學時期第一次配眼鏡的時候。當時驗出來的數字其實只有二百五十度近視，卻硬被配成了三百五十度，剛戴上去時明明覺得很不舒服，向驗光師反應，可是驗光師卻說那只是剛開始不習慣而已。後來甚至暈到嘔吐，再去向那位驗光師反應，對方卻仍然堅稱沒有問題，並說小孩子不懂得專業。最後，朋友真的適應了之後，有一回把眼鏡拿去給另一家眼鏡行一檢查，才發現鏡片根本就是三百五十度。

這件事情讓我這位朋友有感而發反省到：只要自己在自己的職責角色上多一分善念，對別人而言就是很大的善行了。

一點也沒錯，其實我們的社會之所以會有許多不好的行為，一個真正深層的原因是：我們潛意識地覺得自己對別人而言不重要、對整體人類而言更無足輕重。所以，當我們透過發現各種事物中蘊含著的無數善念，而產生由衷的感謝時，還會有一種「清楚」也會漸漸甦醒過來，你會意識到自己對整個整體是很重要的！這種覺悟就是靈性語彙中所謂「一體性」意識的覺醒，也是一個人的意識開始走向「合一神性」的徵兆。

很多人在講「合一」或是「一體性」的時候，常常聯想到一種很高深的境界。**其實當你真的開始瞭解自己對所有人的重要性，並且也瞭解所有其他人對自己的重要性時，才是合一意識的開啟**。而這會使你感受到，自己無論在什麼位置，都是非常重要、非常尊貴的。回過頭你也就會意識到，原來以前為什麼很難擺脫掉自我的自私，其實正因為你覺得自己渺小！自私和渺小感是一對難兄難弟，如果你自覺渺小，你就很難不自私。當你真的覺悟到自己每一個善念都很重要、很偉大，你就與你靈魂深處一直知道的真理重逢了，這真理是：我原來是如此的尊貴！這個尊貴感恰恰會驅走自我，而讓你樂意去奉獻。

新聞常常報導那些捐了很多很多錢或做了很大的公益慈善事業的人事物，無形中人們認為這些才是比較大的善行；而像在使用公共廁所時盡量維持乾淨這種事，就很微不足道。但並非如此。每一個善行都是一樣的偉大，這是打開「一體性」視野的人會看見的。

06 開啟對「善念」的奉獻

譬如說，我自己到餐館去吃飯，為了感謝外場服務人員的辛苦，只要時間允許，就盡可能不讓桌面杯盤狼藉，把它們收到讓服務員容易整理的狀態再離開，甚至於不屬於這家店的垃圾，我也盡量自己帶走處理。而若是菜烹調得很好吃，也盡量會想辦法將我的謝意和感覺傳遞給廚師。

曾經有一次我去旅遊的時候，走進一家店吃到好吃的東西，就這麼跟老闆說：「啊！真的好謝謝你為我們做這麼好吃的東西。我們今天很早就起床，然後到處走、到處拍照，走的好累很想休息的時候，我就突然看到你們的店，門口的花好漂亮，我很喜歡，就走了進來；我很想好好的吃一點東西，結果，你的東西真的好好吃啊，讓我覺得旅行真好！你在這個時刻真的對我好重要，謝謝你！」結果我的朋友聽了就偷偷對我說：「章成，你會不會太誇張了！事情就是你付錢所以人家端出東西來給你，人家只是要賺錢生活而已。」也許店老闆本來也是這樣想的沒錯，可是當他聽完我的感謝之後，不久，端出一盤菜單上沒有的小菜出來招待，然後對我說：「原來我的工作對某些人是非常重要的啊！」

這就是五次元意識的開啟了！這小小的一段感謝的話，對那位老闆以及未來的顧客，難道不重要嗎？

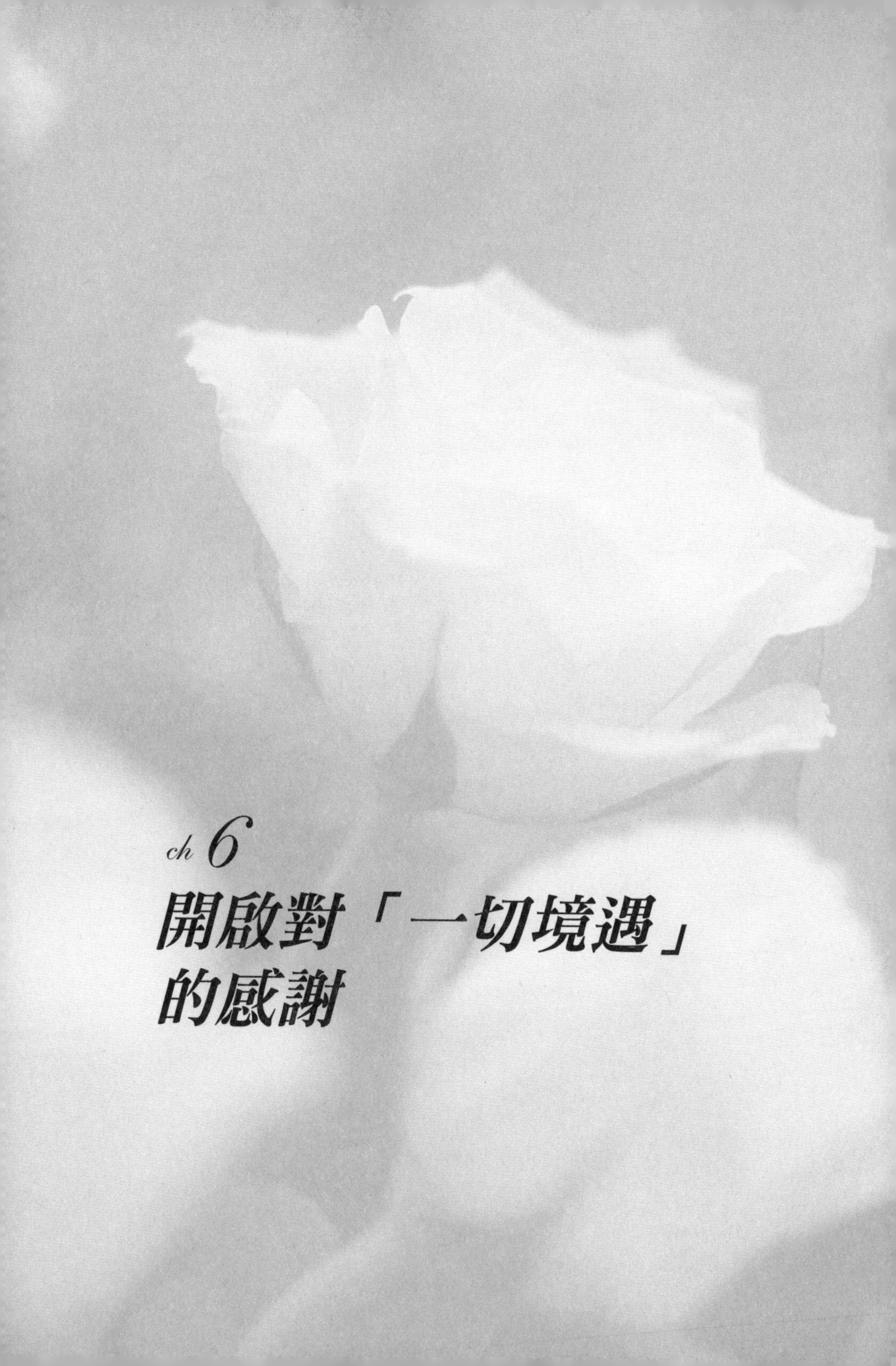

ch 6

開啟對「一切境遇」的感謝

最後，學習體會感謝的第三個方向，就是對一切境遇的感謝。

到前面為止，我們都是在談讓我們感受到美好的部分，無論是人、事或物。我們明白你會說：但人生也有許多的惡人、惡念、惡事啊！這些事情要怎麼感謝？

如果有一個人真的已經達到能夠由衷地感謝「一切境遇」的話，老實說他已經即將從地球的功課畢業了。這可真的不是一蹴可幾，所以就讓自己暫時感覺困難也ＯＫ吧。只是，請你從這個角度想想看：至少能夠往這個方向走個一、兩步，自己的感受也會很好呀！

01 壞人壞事值得感謝

我有一個好久沒聯絡的朋友有一次打電話來跟我說：「我好開心喔！我真的完完全全不恨那個人了，現在我好感謝他在我人生中曾經存在過！」她說的「那個人」是一個曾經對她腳踏兩條船的男人，可是我還記得她曾經為這件事哭得死去活來的畫面。我問她怎麼啦？她說：「因為面對那個真相的勇氣，現在讓我賺了一千萬。」

本來論及婚嫁才發現男友劈腿的她，最後還是鼓起勇氣去面對兩人關係的真相，結果居然跳出了一個意想不到的發現：第三者其實跟自己很像，長相、氣質、個性都像，只是少了婚約而已！結果晴天霹靂之下她開始去思考「婚姻」這件事，然後得到了一個重要領悟：你喜歡的人，不要輕易改變他原先的生活，那麼他也會改變。

就這樣，我的朋友學會用「生態保護」的觀點去看待各種人事物，跟任何人事物相處。後來她的公司派她負責去延攬一位很有潛力、卻正在猶豫要不要自己開公司的新銳創意人。她先跟公司溝通了觀念，取得共識，然後就依對方熟悉的生活型態保留了工作的彈性，並先給對方最想要圓夢的企畫案，最後，果真贏得首肯加入公司。而這個企畫案雖然老實說沒賺錢，但這位創意人卻在下一件公司需要的 Case 中回報了她。

其實我覺得她所收到的財富何止能用金錢計算。因為這種**「生態保護」的觀點其實是「愛」的課題當中非常重要的一種智慧**，未來她的婚姻想必也會更容易幸福的。

人生中有太多讓我們覺得損失或招架起來壓力很大的狀況，如果你願意面對內心的失衡，好好的去觀察裡面的因與果，那麼漸漸地就會從中得到清楚；這些清楚不但讓你真的能夠處理好眼下問題，還能夠讓你延伸到所有類似的問題，一通百通。

因此，最能帶給我們對生命滿滿的感謝，並且感覺到生命中有「奇蹟」、有「宇宙間慈悲的力量」存在的，其實是在「壞人壞事」的這一塊領域。

02 人生奇蹟就是神的足跡

而當你通過人生一連串的壞人壞事，然後都得到了智慧的時候，漸漸地，你會由對個別事件的感謝過度到下一個階段的覺察：我的人生境遇怎麼就像學校早就編排好的教學方案，好讓我能夠一階一階地學上去呢？

在一個很長時間的跨度之後，你會看到自己人生歷程的「非巧合性」，恭喜你！其實這就是你已經開啟了一種覺知，覺知到「一體神性」的存在了。這個覺知發展到後來，你也會對自己現在這個階段需要學習的課題有所預感，而果然接下來的挑戰事件就這麼來了。於是你開始觸及到一種直覺：每一個當下，四周圍繞著我們的境遇，正在帶領我們一關一關地完成我們人生的功課。對於鋪排這一切的這股充滿慈悲與智慧的力量，你幾乎只能瞠目結舌、不知該如何形容！因為，怎麼能夠在我的問題都還未產生以前，答案就已經在鋪排了呢？

有一些現在閱讀這本書的人，對這些描述是能夠共鳴的。那麼請不要只是覺得自己很幸運、很有福氣，而試著如同站在深淵般地去臨在一下這股力量，那麼這份感謝將是非常強烈的！

03 開啟對「一切境遇」的反省

一旦你通過了某個境遇，汲取了其中的清楚之後，你很自然地會心生感謝。這時候，要如何繼續這個能夠打開五次元意識的「反省」呢？方法是：請好好把整個境遇像一齣戲劇那樣地再看一遍，回想事件及人物的出場序，以及一切的轉折點，包括讓你開始領悟的轉折點。當你仔細地再去回想一遍之後，問自己：「這真的只是巧合嗎？」

透過這樣的反省，會開啟對背後更大力量的知覺。

這個力量，善用一切人、事、物促使你覺醒，其智慧完全不可思議。即使你曾經冥頑不靈，祂也有無盡的耐心去小火慢熬。這「能讓萬事互相效力」的力量正是「一體神性」。

當你經過反省，意識到這如此巨大、如此包容、如此充滿不可思議智慧的愛的力量，原來一直就已經隱藏在每一個當下的境遇，你將懷著喜悅信任這個推手，繼續去經歷人生未盡的旅程。

04 開啟對「一切境遇」的奉獻

「一體神性」是什麼？我們有很多人傾向於在書桌前瞭解所有看到的字句，或者是透過冥想、透過追求奇妙體驗去弄清楚。可是「一體神性」是只有透過奉獻才有可能打開這樣的覺知的。

當「奉獻」是透過「感謝＋反省」而來的時候，奉獻是喜悅且無我的。在這個狀態下，你感覺到自己就是「整個聯合起來的力量」，你奉獻的時候，你也就是那個「神」本身在奉獻，這時候你就會契入這個一體神性，也就是「合一」。於是你奉獻的時候，會感受到那種生命真正的尊貴感。

奉獻讓生命真正尊貴

很多人覺得「奉獻」會讓自己顯得渺小或較為低微，其實剛好相反，奉獻的時候你的意識會跟「神聖」與「偉大」產生真正的連結，也就是重新與「一體神性」連結，這真的能夠救贖自我的渺小感。自我總是透過種種「獲得」想脫離渺小感，但卻走入了輪迴。由感謝＋反省而產生的奉獻，則會讓你的靈魂開始恢復「它是多麼尊貴」的記憶——因為我原來就是這個「整體的神性」不可分割的「一即一切」啊！

這種尊貴並非自我的尊貴，而是意識到，原來是神在為神奉獻。

過去，我和M每次出門的時候，M如果先走到鞋櫃旁邊，就會把我的鞋子和他自己的鞋子都拿出來放在地上；我也總是當作很平常的就走過來踩上我的鞋子，然後兩人一起出門。可是如果是我先到鞋櫃旁，我就總是只拿自己的鞋子，然後退到旁邊去穿，等M來的時候，讓他自己去拿鞋櫃裡的鞋子。可是這樣的差別我真的完全沒發現，也不知道這種情形有多久了。直到高靈開始教導我們去留意，很多人的問題的真正來源其實是不懂得感謝。我開始這樣去觀察以後，我的意識就漸漸改變了。

有一天，又是一起出門的早晨，這次是我先接近鞋櫃，一個順手的動作拿下了鞋子，彎腰踩上去一腳的時候，忽然「看到」了！我看到自己只拿自己的鞋子，跟M是不一樣的這個事實。當時，我心生慚愧，啊！以後我要改變。之後，我開始提醒自己也要把M的鞋拿下來，幾次以後，我就養成習慣了。然後，我以為自己已經效法了M。

然而有一天，我才突然真正地「看見」了我們做的事是不一樣的，這裡面有重大的差異！

我的狀態其實是因為「你幫我拿，所以我也要幫你拿」——這是出於對價關係的回饋。然而那一天，我才突然意識到：M是在我沒有幫他拿鞋子的狀況下，就先幫我拿的，而且一直如此！那麼，那是一種怎樣的狀態呢？

當下我非常非常的感動，因為我真正意識到M這個人的本質了。雖然以前我就瞭解，M對任何人都有一種天然的熱心，雖然這點讓他受過很多傷，但是很難「改」。可是這一次我是在「能量上」直接感覺到M內心中那個「奉獻本能」——那份不覺得自己在愛的愛。這真的讓人覺得好尊貴！我真的為之動容。從那個時候開始，我為他拿鞋子的動作，才真正成為了「奉獻」。

當我真心真意地想透過奉獻去感謝這份尊貴時，終於可以說，是「奉獻」在和「奉獻」互相奉獻了！

五次元意識的開啟，是這麼樣的美好而喜悅，不是嗎？如果所有人與人之間的關係都能從「感謝＋反省＝奉獻」開始，我們的世界就會既知足、又進步，既豐盛、又無私，既擁有、又分享了！

你看，我們找到的這個答案，既是個人的，也是人類的。

最後我想引述自己為大陸《悅己》雜誌寫過的一篇文章，題目就如下所述。

知足就不會進步了嗎？

在我的諮商室裡，常常有人流著眼淚對我說，他們所有的努力，只是想得到一點兒愛、肯定和讚美，為什麼這麼難呢？你不要以為說這些話的人都是工作不力、才能不好、沒人看重的。不，很多人可都是別人眼中羨慕的對象。年輕、貌美、學歷高、職銜響亮的一大堆，如果是你在旁邊偷聽到，可能會氣到想過來翻桌。

然而我真的瞭解，他們的難過不是假的。他們很多人從學生時代就一直被逼著要奮發向上、出類拔萃，許多父母花了多少心血、資源在栽培他們。「比上不足比下有餘」這種成語在他們的世界裡根本是種罪惡，他們從小就被要求只能跟「上」比，不能跟「下」比。這些孩子付出比別人更多的努力，卻永遠得告訴自己不能鬆懈，外表的一切真的都贏了，心裡卻是輸的。

有一回，又是這麼樣一個優秀的女子在我的諮商室裡擦著眼淚，她問了我一個很重要、我覺得很有價值的問題：「章成老師，我也知道人要知足才會快樂。可是，如果真的知足了，不就沒有了想進步的動力了？這對我而言很矛盾的！」

我對她說：「請你留意一下我們現在正使用的這個茶壺好嗎？」當時，我正使用來沖泡著普洱茶的，是一隻普通的磁茶壺，不過它的提把是一節細竹子彎成的。我說：「你要不要提提看這個壺把，你看看順不順手？」她一提壺把，感覺了一下：「很順手啊！」

「嗯，我也覺得。」我說：「但是因為很順手，我們就會忽略過去，所以其實，能讓我們忽略過去的茶壺提把，是非常優秀的。你仔細想想，當初設計這個茶壺提把的人，他一定考慮過要選擇多粗的竹子來做提把，如果太細了不好使力，太粗了也會很醜。還有要怎麼處理竹節和表面的粗糙度，讓我們拿起來有摩擦力不會滑手，可是又要兼具美感……這些都是設想過的，因為沒有竹枝本來是現在這個樣子的。」

女子聽了對我點頭：「是啊！我沒有想過這個……」

「所以這個設計的人，確實曾經用心去為多數人的手設想過，他一定也曾經把竹子燒成一個彎度以後，自己拿在手裡感覺過。也許你認為那是他的工作，甚至那是為了賺錢，可是不管怎樣，一定有一刻，他必須放下雜念，才能專注的在為別人的手感作設計。現在，我要邀請你去想像、去感覺那位設計師曾經這麼做的那一刻好嗎？」

她點點頭，閉上了眼去握著那只茶壺提把，一會兒，她睜開眼睛跟我說：「我覺得好感動啊！我好像跨越了時空，能夠感覺到當初那個設計的人那一刻的用心呢！」

「這個感動，應該是一種感謝的感覺吧！」我說。

「是啊！很感謝這個設計茶壺的人的用心。」

「那麼這不就是設計者跨越時空來送來給我們的一份愛和肯定嗎？因為我們現在就是茶壺的使用者，就是他當初所設想要照顧的那隻手。你之前說得到愛和肯定為什麼那麼難？但每次我使用到好東西的時候，我就知道我被愛到了、被重視到了呀！所以我覺得我有好多好多愛啊！而且沒有時空的阻隔呢！也許是一首古典鋼琴曲，也許是馬路上平坦的人行道，也許是公園的一排香花植物，這些都是為了我們設想而做的，這不就是愛和重視、肯定了嗎？」

最後我說：「現在我想請問你，如果你也能夠感受到這些，會有什麼感覺？」

「章成老師，我覺得很感謝！」

「那麼，你也願意在你的工作上，好好的提供出好的服務，加入這樣的行列嗎？」

「當然好啊！我希望這世界上有更多真正好的東西。」

「這就是了，」我說：「這就是為什麼我們能知足，可是又有著進步的動力。」

05 金錢與奉獻

當你以「感謝＋反省＝奉獻」去開啟自己的五次元意識時，你開始在愛中思考和行動，可是，你身邊的人，乃至於整個世界，還是以三次元的自我在運作著。那麼，對於金錢——這個流動在你與他們之間的東西，你要如何看待？又如何處理？我們覺得這是個重要的問題。我們不希望有人看完了本書以後，會不知道舉辦本書的讀書會該不該收錢，還是自己應該「奉獻」，讓大家免費？

在這一章的最後，我們要特別來討論一下「金錢與奉獻」。

金錢是個溫柔的設計

尤其在心靈圈，金錢一向顯得很詭異，既需要又好像不太好。現在，我們要先返本溯源，談談金錢的發明。

金錢是因應人類的意識層級而給予人類的靈感，它的本意良善，是一個方便整個社會能夠去照顧每個人的設計。

並不是每個人來到這個世界上，天性都適合去種稻米、種水果，也許他喜歡的是吹奏樂器、剃頭髮……可是會種東西的人有得吃，那不會種東西卻會吹奏樂器的人怎麼辦？還好，有金錢這種發明，當人們需要娛樂、需要在祭典的時候有音樂，找會吹奏樂器的人來表演之後，就可以給他金錢來回饋他，照顧他的生活。

有的人會剃頭髮、有的人會醫病……這些事都是大家需要的，但做這些事不會直接產生食物與房屋，該怎麼辦呢？金錢這個點子可以解決。我們把所有東西和工作，都標上了價錢，於是金錢就可以用來代換任何我們需要的東西了。

所以「金錢」絕對不是罪惡的淵藪，事實上最初它是一個溫柔的設計，用來讓所有的人都能受到照顧。

只是，因為人性中的「自我」它本質的自救模式，「金錢」的發明也剛好方便「自我」去累積。本來如果沒有金錢，你家連放五十個西瓜都放不下。但是有了金錢，一個小小的金庫就可以累積五十棟房子的存款了；甚至現在金錢只是一個數字，而不需要真正的貨幣，人能累積的數字則變成更沒有限制。既然自我會想要累積金錢去「贏過別人」或「贏得安全感」，則愈有能力、愈會賺錢的「自我」就會累積愈多，於是金錢不再平均地流動在每個人之間，所以它也無法再平均的照顧每個人了。更糟的是，當金錢開始大量的集中在少數人身上時，物價也會隨著這種集中現象同時上漲。

為什麼會這樣呢？因為人有錢之後想要更加速地有錢，就必須炒作，才能拉開與別人的差距以便維持競爭優勢，並且感受到自己的成就感和富足感。可是發達者也要吃喝拉撒、也要生老病死。那麼，在這些需求裡面，跟他們有所接觸、服務他們的人也會感受到這樣的差距，他們也想要追逐上來，所以就把他們所提供的服務或物質變貴了，同時他們也會開始學習如何像上階層的人那樣去炒作，以便提升自己的階層。於是就這樣一個階層、一個階層仿效下來，物價就愈來愈高；而沒有能力追逐上去的人，就會愈來愈窮，變成更沒有人要來服務你。

不過，既然「服務」或「工作」已經變成以賺錢為目的，那麼有錢人也會吃下別人做出來的有毒食品。結果，又加深了「錢真的很重要」的恐懼感，形成一個大家一起向錢看的沉淪。

因為「自我」用各種醜陋的方式向著錢看，而不再看「人」，我們受傷的心就把這個溫柔的設計變成了仇恨的對象。

於是在心靈圈中有不少人，他們對金錢的態度是這樣的：

當他們想去上心靈課時，如果是免費的，就會覺得：真慈悲、真有愛，去上課的時候，就會感念說那是無條件的給予。如果是收費的，就會覺得那也是老師維生的方式，可以接受，但是去上課的時候，就會覺得自己是消費者，老師是在完成他該做的事。如果覺得收費更高，超過自己預算的話，當然不會參加，並且會說這種撈錢課程，老師不會有什麼修為。

此外，他們對「商業氣息」非常敏感，例如認為：寺廟搞許願樹很低俗；心靈課程搞優惠打折很操作；甚至看到各種課程一堆價目表，就覺得充滿銅臭味。反之，他們讚賞免費的讀書會、義務的志工、低廉門票的演講，還有捐款贊助的行動。

在他們的潛在觀念中，「無條件的愛就不能有門檻」、「商業操作就是不信任存在」、「慈悲就是平等的給予」，甚至於覺得：「如果一個心靈老師有芬芳，人家自然會來供養。」其實更深處的感覺，就是覺得「想錢」就會「傷人」。

可是他們卻也有自己無法釋懷的困局，譬如他們之中也有想要從事心靈工作的人，可是還沒做就已經意識到可能無法養活自己；或是多年來只能以純興趣的方式跟朋友分享，未必須繼續做著自己並不那麼喜歡的工作。另外，他們很多人長期都覺得自己收入不夠，未能自我實現，卻又有不知道該怎麼辦的焦慮感。

對他們而言，錢與愛之間的正面關聯性，只有出現在給出錢、捐錢的時候。如果是拿錢、賺錢的話，這就只會與不得已的生存需要，以及貪念的危險有關。

其實，如果理解了金錢被設計的初衷，以及為何會象徵罪惡的原由，就會瞭解，真正的問題癥結是來自於「自我」，與金錢本身無關；而對金錢抱持負面態度的人，如果開始學習「感謝＋反省＝奉獻」，也會懂得如何讓金錢健康自在的流動。

例如在金錢議題上，所謂的奉獻，就是把錢花在值得感謝的人事物上，讓他們能夠繼續地存在、發展著。而既然感謝的人事物是那麼地多，金錢就能透過我們正確的反省，平均地流通出去，你不會集中在少數幾個領域投資，也不可能大量累積財富，死抓著金錢不放。

目前金錢在地球上出現的問題，就是金錢只往特定領域流動、流向少數人那裡，而他們累積了天文數字的金錢，卻不再流動出去給普羅大眾。

可是這也是我們大眾自己要去反省的，如果金錢的流動已經造成了某些事物的價格飆漲到不合理的地步，清明的我們是否該繼續去用你的金錢追逐、餵養它呢？事實上也是大眾的追逐、餵養，才會使得金錢往少數的方向不平衡的流動的。

06 當今經濟問題的答案

「花錢」的智慧比「賺錢」更重要

因此從這個角度來說，當今世界的經濟問題不是賺錢的問題，而是花錢的問題。我們缺少花錢的智慧：不是拼命累積不花錢，就是把錢拿去助長各種泡沫，才形成今日的苦果。

當我們享受好的音樂，而願意感謝相關的一切人事物，我們就樂意買正版，盜版自然會消失。可是相對的，當製作音樂的從業者願意感謝，他們也會更用心製作好的作品，讓消費者覺得物超所值。

當我們吃到用料實在、調理用心的餐廳，我們就常常去吃，透過金錢去回饋它。而賺了錢的店家，因為能夠由衷感謝，也不會忙於擴店，而能將品質堅持下去。

當我們不為了自我的虛榮追逐名牌，我們就會去買真正製作精良、價格又合宜的商品，那麼生產這些商品的廠商就不必有生存的危機，而整日想著如何利用形象包裝拉高價位。這樣我們不但能夠繼續享有實惠的物品，同時因為大家都不追求虛榮了，原來透過虛榮而炒作出來的名牌，自然也會回歸到合理的價格。

當我們接觸好的書、好的心靈分享，而懂得由衷的感謝時，也就會透過反省，思考到不同心靈老師的不同背景。比如出家的師父有寺廟和佛陀作靠山，比較容易受惠於佛教的供養文化。然而新時代的心靈老師沒有宗教系統當背景，生存自然比較不易，就不能要求他們用同一個方式去經營。有的老師教授的是技術，實用性高，受一般人歡迎，招生容易，收費也許可以比較低；但有的老師傳授的是道業，需要發心長遠的學生才能看出價值，這類課程較少人賞識，收費就需要較高，才能讓這樣的道業傳承下去。

如果我們願意去感謝，然後去反省，一定能打開我們的覺知，對各種因緣條件有更清楚的認識，這樣就會務實地讓金錢向自己流動也向別人流動，而不會有障礙。

當然，最理想的愛的流動模式，是可以不需要金錢這個介質的。但是在人類目前的意識層級，大家既然認為需要金錢作為媒介，那麼就需要去釐清它的本意和角色。而這個釐清，透過「感謝＋反省＝奉獻」，必然能讓我們達成。

所以在金錢的這個介質上，「奉獻」所代表的意義就是「去接受別人對你的照顧，你也很樂意去照顧別人」。如果要解決目前地球上的經濟問題，其實就是所有人——尤其是有錢人——都應該把賺的錢盡量花出去，不是花在賺更多錢的投資炒作上！而是花在各行各業讓你內心由衷感謝的各種人事物上，那麼世界經濟就會以最快的速度復甦。並且這次的復甦，會是人類史上最有愛的一次。

ch 7 面面俱到地開悟

就如同剛剛我們對金錢議題的探討過程。最後，當你漸漸在生活的其他各種領域、境遇中都能夠練習「感謝」、「反省」與「奉獻」，你會發現，對於各個生活領域所存在的迷思，也會愈來愈釐清了。這意思就是，身為地球人類，各種領域如親情、愛情、工作、娛樂、健康、性……等等議題，你都會愈來愈清楚，也會愈來愈回歸到愛的循環裡了。你在生活的各個部分就愈來愈不存在「自我緊縮」，而你便逐漸圓滿了地球功課，也即將朝向面面俱到的最終開悟。

正視身為人類所面對的各種議題

目前所謂的「開悟」，太過於著重強調《心經》、《金剛經》等禪宗之類的頓悟，甚至將開悟視為一種特殊的神祕經驗，這些只是基於人們自視甚高、喜歡一步登天的貪念，而被一窩蜂地追尋著，甚至誤以為，一旦有了這樣的經驗就能夠一了百了。

其實，意識瞬間的鬆脫體驗，只能算是開悟路程上的「亮點」，但是要靠這個亮點清醒地、無礙地生活在地球上，完成自己的功課，是不夠的。有的人在某個亮點中得到了很大觸發與對自己的顛覆，可是亮點過去以後，就發現回到現實生活中窒礙難行。

譬如說一個人在意識瞬間鬆脫的時候，感受到當下根本與過去無關，結果接下來的生活，就拿著這個結論去做兩面人。比如碰到自己有過失該向別人道歉的時候，不但不去道歉，反而認為對方為何要那麼執著於昨日的記憶，然而別人一年前向他借錢的事，他卻記得要去催討。

或是一個人的自我瞬間被撞開的時候，意識到自己的困頓都是作繭自縛，於是結論說：每個人都可以當下就自由。所以他想在半夜唱歌，就在半夜唱歌，如果你問他：這樣不會吵到別人嗎？他會瀟灑的說，那他們自己可以來跟我說呀！可是，當他過紅綠燈的時候，卻會因為害怕被撞倒，而遵守著紅燈停、綠燈行。

雖然我們覺得自己確實有所了悟，為什麼放到生活領域卻產生矛盾？因為那些亮點還沒有臻至圓融，還是有很多不清楚的地方。

如果要圓滿地完成地球功課，你必須正視身為人類所面對的每一方面的課題，例如金錢、愛情、親情、性、自我、身體等等。也許你覺得金錢很危險，或是覺得身體只是臭皮囊，認為性不高尚、婚姻沒有必要……這些你的認為其實根本不是重點，重要的是去思考：地球上為什麼會有這些功課？你不是明明就一直在碰到它們嗎？

所以，心靈成長不是在一個點上開通了就很不得了，人生功課有很多，這些都清楚了，成為一個完全清楚的人才叫開悟。不要停留在此刻的亮點，你必須持續的在你的人生各個議題、在你的生活周遭，不斷的觀察、一直去看見，將人生這一塊大拼圖的每一塊都搞清楚，這才叫做修行。

「修行」，就是有意識地要往圓滿開悟的方向走。

心靈成長上的「亮點」，只是一個起頭，可以看到讓我們反省的方向，直到真正的開悟時，你必然會充滿由衷的感謝，而人生只剩下奉獻。

最後，有一首〈開悟之歌〉獻給親愛的你：

自救一開始就是錯的，感謝一開始就是對的。
追尋一開始就是錯的，反省一開始就是對的。
算計一開始就是錯的，奉獻一開始就是對的。
自救追尋算計是輪迴，感謝反省奉獻是超越。
因為……天啊！
我們早已被全體宇宙無私地服務著；
一無所缺、一無所障！
因為……天啊！

我們早已是最尊貴、最富有的存在，
我們早已被破表的愛所包圍！
怎可能還有別的選擇？
只有奉獻。

【跋】本書緣起

每年對我而言都是神奇的一年，因為一直會發生我意料之外的收穫。如果看過我之前所有書的讀者，應該會發現我一直在講這種同樣的話。

二〇一一年八月份我出版了《神性自在》，那一年我的意識體驗了持續性、沒有原因的喜悅狀態，而能夠清晰地與我的指導靈溝通。我本來不知道這樣能夠維持多久，但就一直持續了下去直到現在。到了二〇一一除夕跨年的那個晚上，我對過去的一年滿懷感謝，但不禁懷著比以前更多一點點的期待心情在瞻望著二〇一二年。因為你知道，這對我們很多人而言都是一個特別的年份，而前幾年確實也感受到自己的成長和命運在加快速度地被調整著，所以不禁會想：二〇一二呀！你又會變出什麼樣的禮物呢？沒想到……驚奇真的很快來到。

二〇一二年的三月初，在網路上無意間看到了優惠的短期機票，就臨時決定和M在三月六日出國度假十天，雖然去的地方，還是我們常去的京都。

我掐指一算，距離上次去京都居然已經一年多了，對我們來說已經是破紀錄的久。由於平常我的「課外讀物」幾乎都是京都主題方面的書，所以自己覺得正好可以把這一年蒐集的資料好好「驗收一番」；因此在規畫行程的時候，我便興致勃勃地抱著一堆書本堆在桌前，然後開始大張旗鼓地準備。

可是就在我正淹沒在眾多資訊中的時候，M從他的書桌那邊跑過來跟我說：「有訊息，要給你的。」

「有訊息」就是高靈有事要跟我說的意思。我們已經習慣了這樣的生活。就像前兩天高靈也來跟我說有功課要給我做，像我平常上課時給學生作業那樣的。

「訊息說，我們去京都的目的主要是想要享受那裡的氛圍，你只要有這個大方向就好，但不要太多的設定。因為一旦設定太多，你們的頭腦就會進入緊張狀態，無法跟隨著自己的心在當下的流動，反而會失去很多驚喜。以往你們去旅行都有很多很多驚喜，就是因為沒有太多設定。」

當時我已經在電腦前規畫了一個下午，行程表寫得愈來愈密，而且我也確實感覺到資訊看得愈多，就愈是這個也想要、那個也想要。

「你要去的地方應該是：你平常在看這些書的時候，已經讓你產生嚮往、有感覺的地方，而不是現在臨時抱佛腳，根據別人的推薦去蒐集的地方。人生也是這樣，一旦你感覺到你的心有一個大的方向，你就去往那個方向走，但不要有很多的設定；你有很多設定的話，即使我們要幫助你們，也會比較困難。」

「可是，我的人生一向不太有計畫的啊！我本來就是跟著自己有感覺的方向走。」我說。

「你雖然沒有計畫，卻有很多設定，所謂的『設定』就是：你認為如果要達成什麼，就一定要怎麼做，或一定不能怎麼做，這些固定看事情的觀念和角度就是『設定』。如果你能放掉這些設定，你會發現你的旅途有更多驚喜，而不知不覺也已經達到了你要去的地方。」

「嗯……」我安靜了下來沉思了一下，確實，以現在的自己去回望過去的歷程，會覺得，以前的自己雖然心地純正，可是卻「頭腦很硬」，M花了很多功夫才讓我能食人間煙火，真是抱歉。

於是我把電腦檔案關掉，把書收起來，好吧！就隨性去走走吧。其實我們的目的真的也就是京都。只要在京都，有京都味，就夠了。

三月六日中午從關西空港出關，在搭乘到京都的 JR 特急列車上，我和M才拿出地圖來略事研究——我們最後只帶了一本日文的京都地圖和一本中文的京都地圖。但是才看了幾頁，清晨四點就起床的我們已經昏昏欲睡，兩人就決定先閉上眼小憩一會兒。

中午的陽光剛好照在我們坐的這一側，睡了兩分鐘，我們就覺得陽光刺眼。還好車內很空，我們倆直接換到另一側座位，很快就呼呼大睡了。不知過了多久（其實就是七十分鐘），京都車站到了。「啊！到了。」我倆迷迷糊糊地睜開眼，然後把行李拿一拿就趕緊下車了。下了車由於肚子很餓，立刻就在車站吃了拉麵，然後開心地拍起照來。雖然只是一年沒到這裡，卻覺得已經好久好久沒看到懷念的京都車站了。

一直到了旅館進了房間，兩個人興致勃勃地想開始決定散步路線的時候，才發現，唯一的那本中文地圖怎麼不見了？

仔細回想才發現，原來因為換座位，插在座位前面的地圖本沒有跟著換位，下車的時候又還沒完全清醒，就把它留在火車上了。

於是只剩下日文的地圖本了，可是除了地名站名，旁邊很多介紹資訊還是看不懂，這下真的連一點設定都不能做了。我們只好這麼安慰自己：那麼就去一些喜歡的區域亂逛吧，反正也很熟了。

當時我們根本不知道，原來這一切都是安排好的，高靈在行前跟我說的那些話，根本是有驚人用意。

因為希望拉長白天的悠閒時光，我們打算這十天每天很早就睡，然後早早起床。於是第一天晚上，我和M在日本時間的晚上十點（也就是在台灣的晚上九點）便早早就寢。也等於是補眠吧，我睡得很好。然而到了三月七日清晨的兩點，我卻醒了過來。

醒過來的時候，整個人處於「痛哭流涕」的狀態。我不敢吵到M，但我的腦子一直在衝突：「怎麼辦？怎麼辦？這樣的東西……只有立刻寫下來，才會被解譯出來……可是我們才剛開始玩，怎麼辦？」過了一會兒，我躺在床上決定自己不睡了，要趕快把它解譯出來先用頭腦記住，我決定不能影響到M，要自己忍十天，回到台灣再把它寫出來。可是我突然覺得好冷，於是坐起來整理我的被子。

「怎麼了嗎？」M在黑暗中迷迷糊糊地問。「沒事，有點冷，換一下衣服。繼續睡喔……」我哄他，然後又躺了下來。然後我開始試著去回到剛剛夢裡的情境，我又看到在夢裡的大廳，那個對我微笑著的智者的臉，然後我幾乎又要痛哭，然而不知不覺，我進入了第二個夢境。

在第二個夢境中，我在跟許多人的「自我」決鬥，雖然手持著利劍，但內心非常非常悲切，心中有好大的愛和慈悲；我看到有人拿著刀從我正前方劈下來，而我抱著很大的決心迎上前去……當我再次醒來時，也許是清晨四點了？我發現M爬起來上廁所，然後經過我的床邊。

「睡得好嗎？」我問候著。「好啊！」M說：「你呢？」

這麼一問，我好像沒有辦法忍住原來想講的話了：「我做了兩個很特別的夢……尤其是第一個……天啊！我不知道怎麼說，太震撼了。」

M不知為何沒有立刻倒頭繼續睡，他在傾聽我。

「這個夢的一開始，是我聽到一個傳言，說最近在流傳這麼一件事：有一個概念，如果你真的知道了的話，會立刻痛哭流涕。這種說法讓我很好奇。然後，原來是有一位創作者，他透過多媒體藝術創作，正在傳達這個概念。而據說看完的人如果瞭解，就會當場痛哭流涕。

「下一瞬間，我已經進去參觀了，可是我卻無法記得這個多媒體藝術實際是如何呈現的，因為非常複雜和巧妙。可是當我走出來，來到展場出口大廳的時候，我真的直接蹲在地上痛哭流涕！我無法解釋為什麼？連我自己的頭腦都無法解釋，最直接的感覺就是：我體驗到真正的救贖了！這是真正的救贖！」

我一邊在跟M分享時，一邊專注地去感覺內心仍然存在的這份激動，可是想去詮釋它卻覺得非常困難：「我體驗到極大的愛、非常非常大的愛，是這個愛徹底的讓我體驗到

『自我』只能在這樣的狀況之下消失！我覺得現在最貼切的形容，居然是來自基督教的用語，我體驗到救恩了！我真的被拯救了！

「在第一個夢的最後，當我不顧一切蹲在出口大廳痛哭完以後，我看到那位創作者出現了。他穿著英國式的風衣，風度翩翩地站在那裡，他的雙眼充滿了智慧，微笑地看著我說：『你現在可以去傳遞這個概念了。』我在夢裡哭著對他猛點頭回答：『我一定會的！我沒有選擇，但是我覺得我還沒有透徹，如果我透徹了，我一定會的！』

「可是我的頭腦根本不知道那個概念是什麼？甚至才剛一醒，我就發現，只要我的『自我』出現，就無法記得那份悸動，那份悸動裡面就蘊含了那份我還無法解碼的瞭解。但如果我要清楚那份訊息，我就不能有自我。

「第二個夢我就比較能解釋，我感覺到我正在一種很大的慈悲裡面，拿劍去消滅別人的自我，旁邊有一些關心我的人在為我擔心，而我卻老婆心切地疾呼著他們要一起走向這條愛的道路。」

M靜靜聽著，不久以後他說：「喔，我本來沒有告訴你，我醒來過，看見房間靠門口的地方，站了一個人，現在我知道，那就是傳遞給你那概念的存在。」

M說：「你說的那個概念，就是那個六分鐘短片，如果改成微笑版，所透露的。」

聽到M這麼一說，我非常的驚訝，立刻知道這確實是一個帶來訊息的夢。因為我自己躺在床上不敢吵醒M的時候，我想靠自己去解譯那份痛哭流涕的感動，居然第一個浮現的就是那個短片；而且，我並沒有告訴M有關於那個多媒體創作中我唯一有印象的內容，因為連我自己都幾乎忘了。

「對！在那個夢裡的藝術創作裡，我唯一有印象的就是我看見各行各業的人，可是很奇怪，就只是各行各業，可是他們所做的任何一件小事，都讓我整個人感動到不行，因為那裡面完全是無我的……我感受到一種好偉大的……我說不上來……可是就只是各行各業……不知道怎麼解釋這個邏輯。」

M說：「啊！你知道我現在在能量上感受到什麼嗎？我現在知道為什麼藏傳佛教唐卡裡面會繪畫著那樣的景象了，我要告訴你，整個宇宙都在慶祝著這一刻。我現在感應到的就像是，在我們的四周，充滿著吹奏樂器的天女，還有他方世界而來的菩薩、佛、天王……祂們全部圍繞在四周祂們一直在等待著這一刻的到來，這是非常非常重要的一刻。」

「我們要去把這個訊息趕快寫下來，這十天不用去玩了，這十天只要做這一件事就值得了！你知道你有多幸福嗎？高靈就要讓你在你最喜歡的京都，去完成這一本書。」居然是M自己這麼說。

「我們只要開始，高靈會把訊息一點一點讓我們清楚。祂現在已經在給我訊息了，那個概念就是：感謝＋反省＝奉獻！這是就是開啟第五次元的鑰匙。你剛剛那個不是夢，是藉由夢，你進入了五次元的世界了！」

我們扭開了電燈，拿出飯店的紙筆，M告訴我這本書包括著什麼樣的大綱：

「最主要就是這個開啟五次元意識的鑰匙，然後還要談吸引力法則、零極限，還要談到自我……原來為什麼高靈在行前來告訴你不要設定太多計畫，然後我們甚至遺失了唯一的中文地圖，因為我們要來完成這件重要的事啊，我們真是幸福、真是太幸福了……」聽到M這麼說，我哭著過去擁抱他。

不知不覺，就在我倆的交談中，天亮了。我們盥洗之後在旅館用完了早餐，又回到小小的房間內繼續記錄著訊息。中午，開始打呵欠了，我們決定外出，找一個美麗的地方繼續。

三月的京都仍然寒冷，冬日幽靜的哲學之道，櫻花樹全部裸著枝條，然而仔細一看，所有尖端都已經醞釀著紫紅色米粒般的小花苞了。我和M找了一家面向著疏水道的咖啡館，一邊吃著可愛的小甜點，一邊開始用手機錄下每個大綱中要寫下的訊息。而我真的為下個月即將來到這裡欣賞櫻花盛開的人們而開心啊！

【附錄】感謝！愛的傳承

這篇文章來自我班上一位學員，他透過「感謝」契入五次元意識，感謝他願將他的感動與觸發與我們分享！

我消融了與偉大存有分離的幻象

文／金平

我第一次在課堂上如此的痛哭流涕，不是因為傷心，而是因為百感交集、喜極而泣！

那天上課，章成老師說要帶領我們體驗透過感謝而來的意識擴展，他首先請我們每個人在記憶中找出一個能讓自己由衷感謝的人，而我想到的是我的太太。

跟她認識的時候我的家境狀況很糟，父親嚴重負債，母親又重病。因為母親意識不清、一周三次要到醫院洗腎，需要很多照顧，我的哥哥姊姊們就必須輪流負責，這為他們各自的家庭無論經濟或時間都帶來沉重的負擔。當時我還在唸夜校，住在大姊家，所以也必須要分擔大姊照顧母親的部分，於是打工的時間總是間間斷斷的，收入無法穩定。當時家人彼此陷在各自的煩惱中，我也就沒有被照顧到，在金錢方面常常很拮据。

當時我和我太太剛交往不久，她知道我的家庭狀況不但沒有被嚇跑，反而會時常用金錢資助我，這段過往回憶讓我很感謝。

我告訴章成老師這段回憶，他指示我去專注在某一次太太給我錢的記憶，請我先去回憶出那個讓我感動的畫面；接著再去意識到當時對方的背景、狀況如何？然後老師說，我要去回憶起我的太太在給我錢的那一刻、正在「替我想」的那個感覺。

剛開始我發現，要進去感覺我太太的感覺是困難的，因為對於她給我錢這件事，其實我有很多心理機轉，所以很難進去以她的角度感受那個付出。於是我再度提醒自己重新回到她為我「這麼做」的那一個點上。就在此時我有一個瞭解跟清楚了！

當時的自己拿到錢是滿足的——因為解除了當時的困境。可是在被滿足的同時也是羞愧的，會鄙視自己的算計，可是也顧及不了……因為日子過不下去了。

所謂的算計，就是我雖然沒開口主動要錢，可是早已存著期待的。然而才剛與我交往的她，在給與不給之間其實也有過掙扎的，因為潛意識她感受到了我的暗示，所以她給錢的時候，也是帶著想要維持這份關係的動機。可是雖然如此，如果她真的不拿錢出來，也可以有很多理由的。我太太最後願意拿錢給我，那是因為她的內在有一個更大的東西在支撐——不是愛情——而是一種善良的本質。

然而我對她的感謝只限於她滿足了我想要滿足的那個點，而不是對於那個更大的善良本質——那是當時的我感受不到的。可是在活動中，當章成老師指引我，要把焦點放在感動到我的那一刻「那個點」上的時候，突然，我感受到了！並且突然透過那個本質的善良，我竟意識到比這個人生架構更大的存在，這個更大的存在可說是「愛的能量」或「生命的源頭」！

有一個真實的愛的能量、更大的存在，一直對我呵護備至、不離不棄，我突然覺知到了！當下我涕淚交加，心中充滿的感動與盈滿無法言喻。

當覺知到這個存在的大愛後，對自己人生架構的反省與理解自然而然就發生了！我看到我的人生就是一場設定「我要成為那個我想要成為的人」的遊戲。而我在裡面學會了一套張羅的方式，就像在蓋一棟自己想要的房子，用什麼原料做門、用什麼做牆……全都必須依著這個設定作為基準，然後架構它。而這些運作都在「自我」裡面，這個自我是緊張的、焦慮的、恐懼的……總的來說就根本就是「苦」！但可怕的是自己卻意識不到這份苦，還不斷的在補強這個架構。

當我覺知到這份大愛，一件事變得再清楚不過：當焦點在「自我」中的時候，就意識不到那個「更大的」了。更明白的說，我能有這些明白和了悟，正是因為我離開那個「自我」，選擇站在更大的存在的角度才看得見，而一旦如此，自我也被含括在愛裡面了。

當時雖然知道有其他同學在場，但我就是無法抑扼自己的眼淚。過了一會兒，我自己擦著眼淚抬起頭來對大家尷尬地笑，章成老師突然大聲問我：「你為什麼有現在這一刻呢？」我又再度泣不成聲了！

是因為我「憶起」我也是那個更大存有的一部分！這個「明白」和「感動」，就像回首來時路，內心百感交集！那眼淚是用來消融靈魂暗夜——自我的荒謬信念、與偉大存有分離的幻象——是喜極而泣的！

國家圖書館出版品預行編目資料

奉獻：打開第五次元意識，看見尊貴、美好的生活／
章成, M.Fan先生著. -- 初版. -- 臺北市：商周出版：家
庭傳媒城邦分公司發行, 2012.07
面；　公分 -- (Open mind；23)
ISBN 978-986-272-206-0(平裝)

1.靈修 2.生活指導

192.2　　　　　　　101012525

奉獻：打開第五次元意識，看見尊貴、美好的生活

作　　者／章成、M.Fan先生
企畫選書人／徐藍萍
責任編輯／徐藍萍、賴曉玲

版　　權／翁靜如、葉立芳
行銷業務／林秀津、何學文
副總編輯／徐藍萍
總 經 理／彭之琬
發 行 人／何飛鵬
法律顧問／台英國際商務法律事務所 羅明通律師
出　　版／商周出版
台北市104民生東路二段141號9樓
電話：(02) 25007008　傳眞：(02)25007759
E-mail：bwp.service@cite.com.tw
Blog：http://bwp25007008.pixnet.net/blog
發　　行／英屬蓋曼群島商家庭傳媒股份有限公司 城邦分公司
台北市中山區民生東路二段141號2樓
書虫客服服務專線：02-25007718；25007719
服務時間：週一至週五上午09:30-12:00；下午13:30-17:00
24小時傳眞專線：02-25001990；25001991
劃撥帳號：19863813；戶名：書虫股份有限公司
讀者服務信箱：service@readingclub.com.tw
城邦讀書花園：www.cite.com.tw
香港發行所／城邦（香港）出版集團有限公司
香港灣仔駱克道193號東超商業中心1樓；E-mail：hkcite@biznetvigator.com
電話：(852) 25086231　傳眞：(852) 25789337
馬新發行所／城邦（馬新）出版集團 Cite (M) Sdn. Bhd.
41, Jalan Radin Anum, Bandar Baru Sri Petaling, 57000 Kuala Lumpur, Malaysia.
Tel: (603) 90578822　Fax: (603) 90576622　Email: cite@cite.com.my

封面設計／張福海
排　　版／極翔企業有限公司
印　　刷／卡樂製版印刷事業有限公司
總 經 銷／高見文化行銷股份有限公司　新北市樹林區佳園路二段70-1號
電話：(02)2668-9005　傳眞：(02)2668-9790　客服專線：0800-055-365

■2012年7月11日初版
定價260元　　　　　　　　Printed in Taiwan

城邦讀書花園
www.cite.com.tw
 ISBN 978-986-272-206-0